MEGA RUBBER BAND SPASS

Ob du noch gar keine Erfahrung mit Rubberbands hast oder dir schon Unmengen der witzigen Bändchen auf dem Loom oder mit der Häkelnadel geknüpft hast: In diesem Buch findest du viele neue Projekte, die dir garantiert gefallen werden. Manche sind ganz einfach nachzuknüpfen, andere etwas aufwändiger. Aber Spaß machen sie alle! Mit diesen frischen Designs wirst du zum Rubberband-Champion in deinem ganzen Freundeskreis. Besorge dir eine Häkelnadel, einen oder zwei Looms und einen Berg Gummis in deinen Lieblingsfarben. Und los geht's.

Die Basics

Projekte

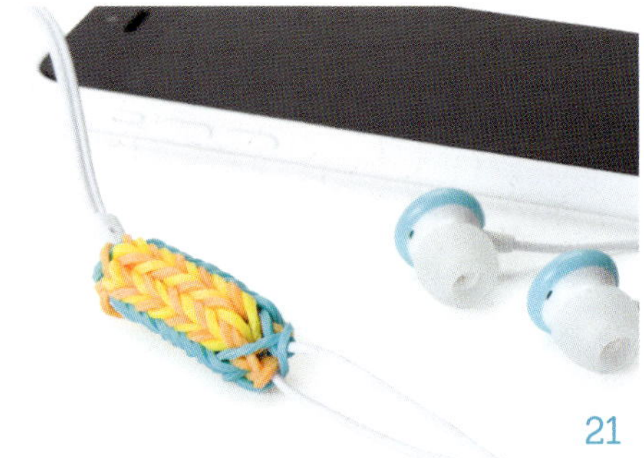

40

Smartphone-Hülle

46

Hippie-Haarband

46

Taschen-Schlaufe

47

Fake-Bleistift

47

Leuchtschwert

48

Basic-Kette in XXL

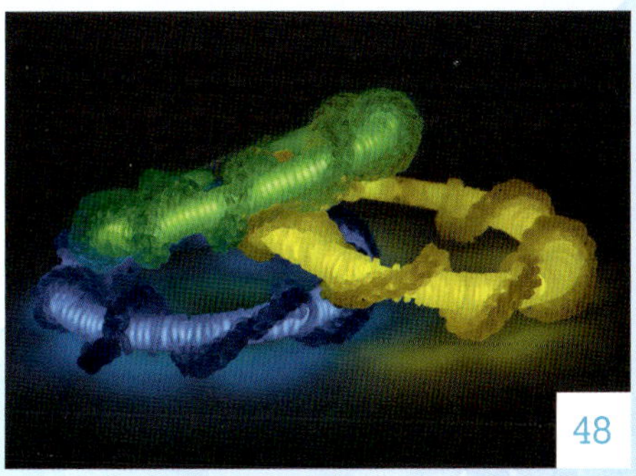

48

Leuchtarmband

48

Kabelhülle

48

Perlenvorhang

Die Basics

Werkzeug und Techniken

Um loszulegen brauchst du vier Dinge, die du in fast jedem Bastelshop, Schreibwarenladen oder Spielwarengeschäft bekommst:

- einen Knüpfrahmen für Gummibändchen: den sogenannten LOOM (z.B. Rainbow Loom®, Cra-Z-Loom™, FunLoom™)
- kleine Kunststoff-Clips (am besten C- oder S-Clips)
- kleine Rubberbands bzw. Gummis (15 bis 20 mm im Durchmesser)
- eine dünne Häkelnadel (am besten Größe 2 bis 3)

Die Looms werden in Sets angeboten, die die komplette vierteilige Grundausstattung enthalten. Für den Anfang reicht das prima! Wenn dir die Gummis ausgehen (was garantiert bald passieren wird!) oder du andere Farben brauchst, bekommst du Nachschub im Bastelshop, Spiel- und Schreibwarengeschäft oder im Internet. Läden, die die Looms führen, haben nicht nur Rubberbands, sondern auch die Clips auf Lager.
Je nach Fabrikat haben die Looms eine unterschiedliche Anzahl von Längs- oder Querreihen. Für die Projekte und Fotos in diesem Buch haben wir einen Rainbow Loom verwendet, aber die gezeigten Muster lassen sich problemlos auch mit den meisten anderen Looms knüpfen. Halte dich einfach genau an die Diagramme und Anleitungen; wundere dich jedoch nicht, wenn bei einigen Projekten ein paar Quer- oder Längsreihen auf deinem Loom ungenutzt bzw. frei bleiben.
Unser Tipp: Wenn du keine Häkelnadel hast und dir eine kaufen möchtest, nimm deinen Loom ins Geschäft mit, um die richtige Stärke zu finden. (Stärke 2 bis 3 passt im Allgemeinen.) Vielleicht häkelt aber auch deine Mama, deine Oma oder eine von ihren Bekannten. Dann leihen sie dir bestimmt eine aus.

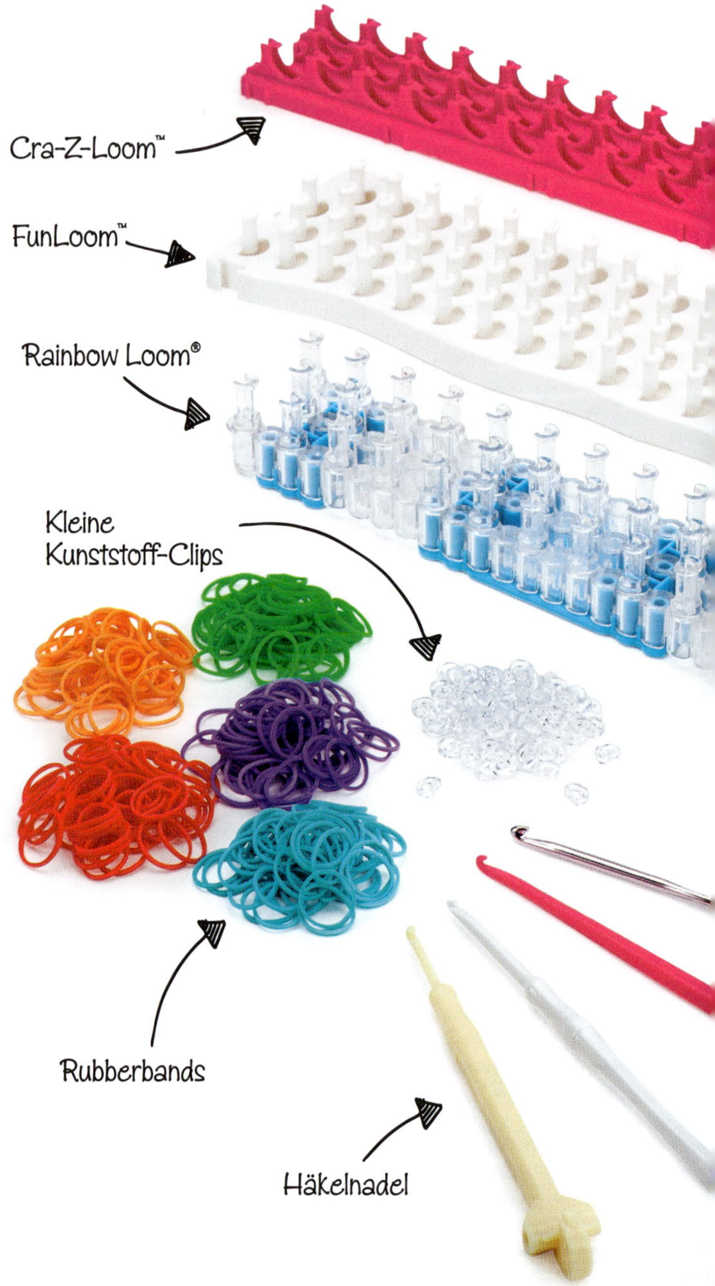

Farben

Hier siehst du lediglich ein paar der Farben, in denen du deinen Schmuck gestalten kannst! Inzwischen gibt es Rubberbands längst nicht mehr nur in den Standardfarben. Neonfarben, glitzernd, transparent, mehrfarbig: die Auswahl ist riesig. Geh in einen Bastelshop, ins Schreibwarengeschäft oder ins Internet. Überall lassen sich neue Designs und Anregungen finden.

Auf dem Loom geknüpft: Das Basic-Armband

Wenn du mit diesem wirklich simplen Muster anfängst, lernst du deinen Loom kennen und machst dich mit dem Spannen und Verknüpfen der Rubberbands vertraut. Hast du erst einmal den Bogen raus, kannst du im Handumdrehen so viele Armbänder fertigen, wie du willst. Sieh dir das graue Diagramm auf Seite 8 an, während du der Anleitung Schritt für Schritt folgst.

Das brauchst du:

- 25 Rubberbands (für das hier gezeigte Beispiel 13 x lila und 12 x rosa)
- 1 Clip
- Loom
- Häkelnadel

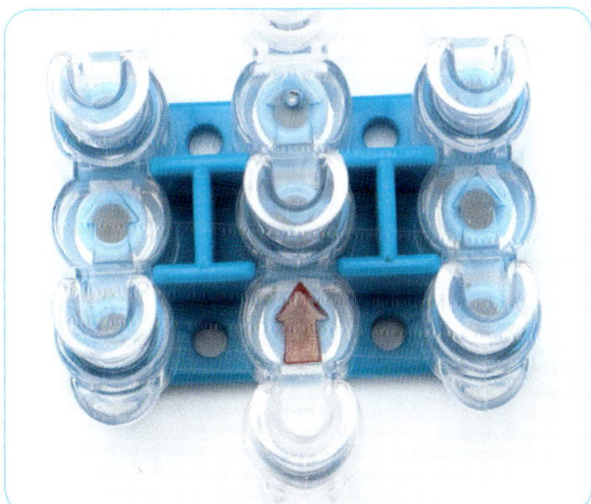

1 Den Loom so hinstellen, dass der Pfeil nach oben (von dir weg) zeigt. Der unterste Stift steht nach unten vor.

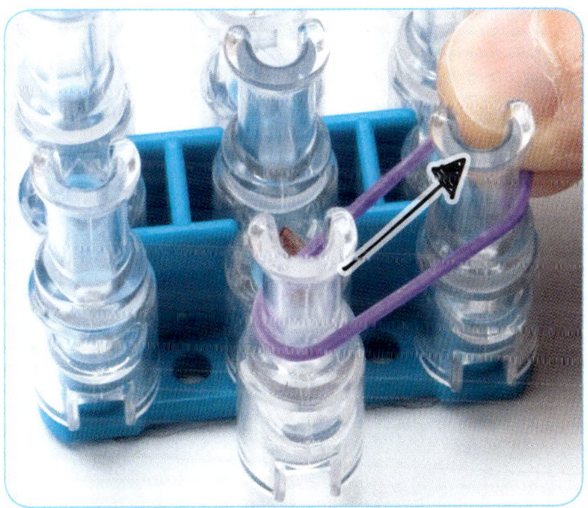

2 Das erste Gummi am untersten Stift der mittleren Reihe einhängen und über den untersten Stift der rechten Reihe spannen (= diagonal nach rechts).

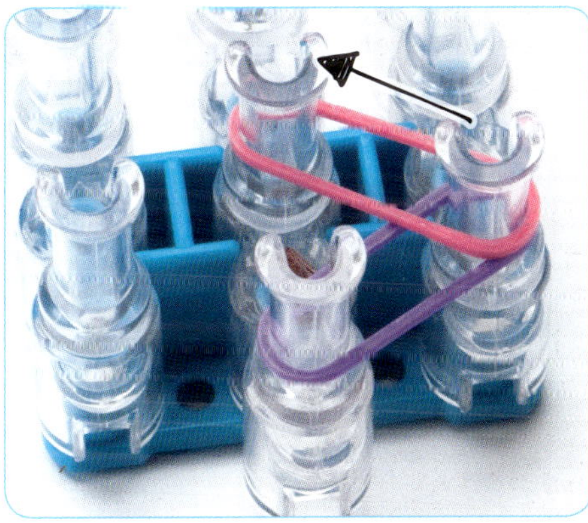

3 Das zweite Gummi über den zuletzt verwendeten Stift legen und über den zweiten Stift der mittleren Reihe spannen (= diagonal nach links).

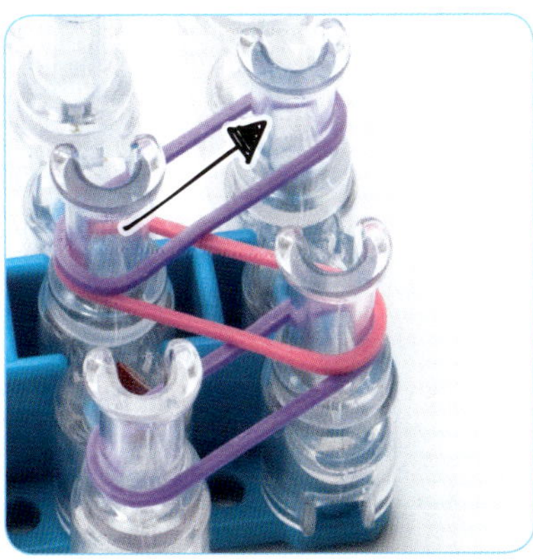

4 Das dritte Gummi über den zuletzt verwendeten Stift legen und diagonal nach rechts spannen.

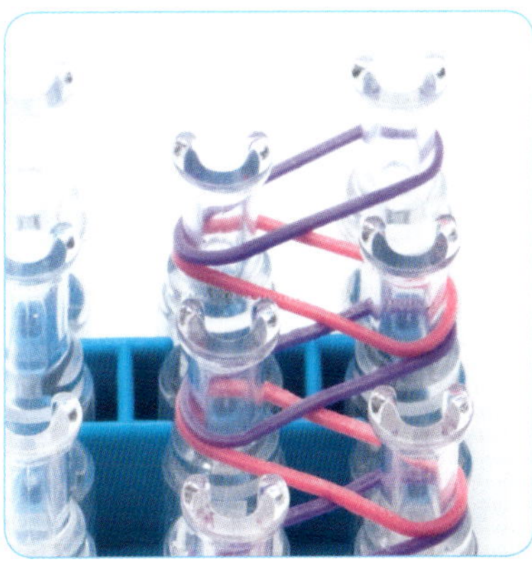

5 Schritt 3 und 4 wiederholen, bis alle Gummis verbraucht sind oder du das obere Ende des Looms erreicht hast. Wichtig: Das neue Gummi immer in den zuletzt verwendeten Stift einhängen und von dort aus spannen. Sieh dir jetzt das graue Diagramm und das Foto auf Seite 8 an. Dein Loom muss jetzt exakt so aussehen.

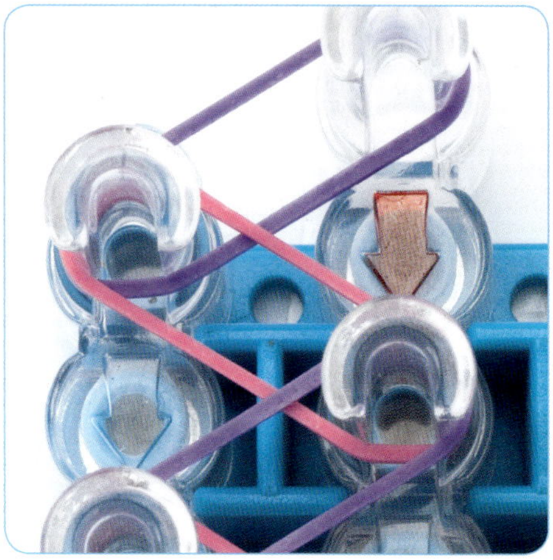

6 Jetzt geht's ans Verknüpfen! Dreh den Loom um, sodass der Pfeil nach unten zeigt (also zu dir hin).

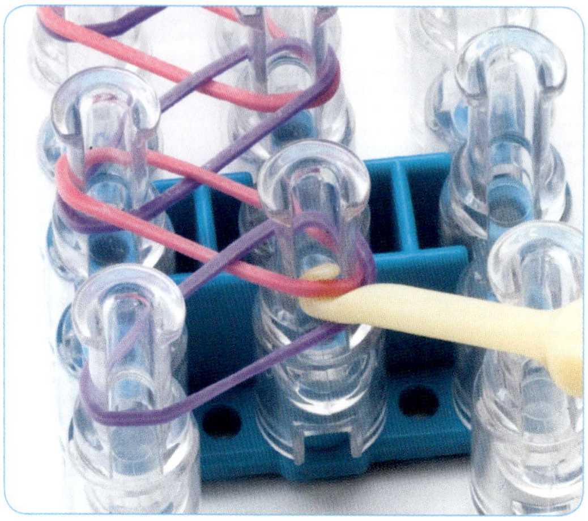

7 Fang ganz unten in der mittleren Reihe an. **Drücke mit der Häkelnadel das letzte Rubberband beiseite**, das du gespannt hast, und greife dir die darunterliegende Schlaufe. Stich dabei die Häkelnadel **in die Rille des Stifts** ein.

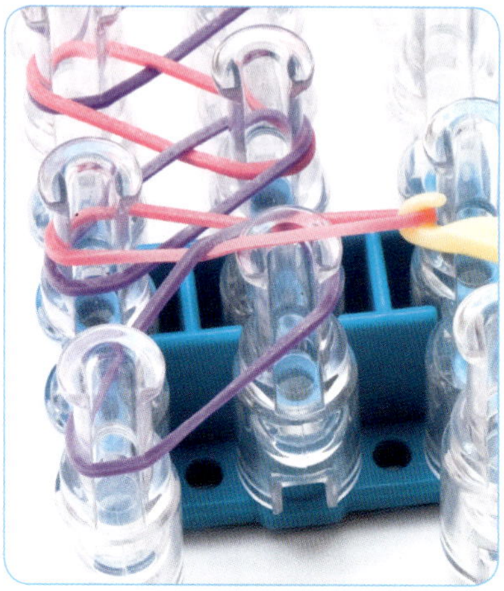

8 Hebe das Rubberband vom mittleren Stift ab …

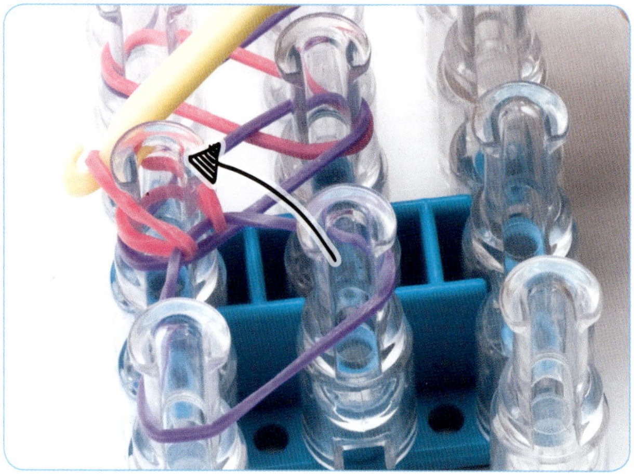

9 … und hänge es in den Stift diagonal links darüber ein – also auf den Stift, an dem bereits das andere Ende eben dieses Gummis hängt. Die Schlaufe wird also zu dem Stift zurückgeführt, von dem sie herkommt.

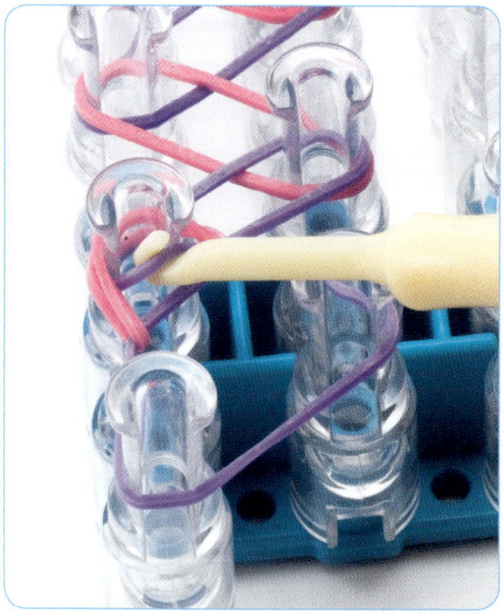

10 Jetzt stichst du die Häkelnadel in die Rille dieses Stifts ein und greifst dir dort das untere Rubberband. Achtung: Nimm nicht das Gummi, das du gerade eingehängt hast!

HINWEIS: Hake die Nadel nie irgendwo von außen ein, wie auf diesem Foto gezeigt. Stich **IMMER** direkt in die Rille des Stifts, wie es die Abbildung zu Schritt 10 demonstriert.

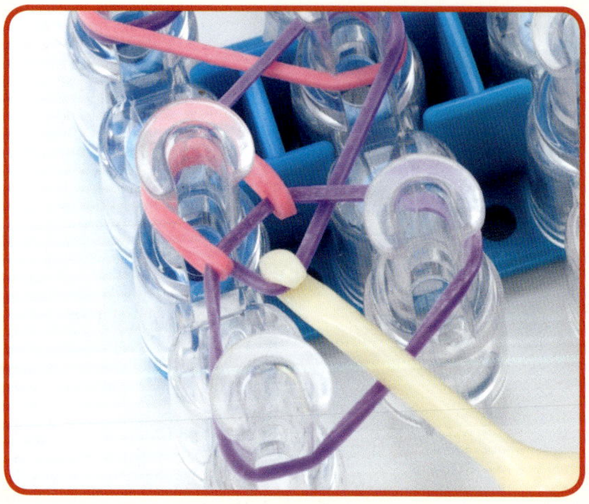

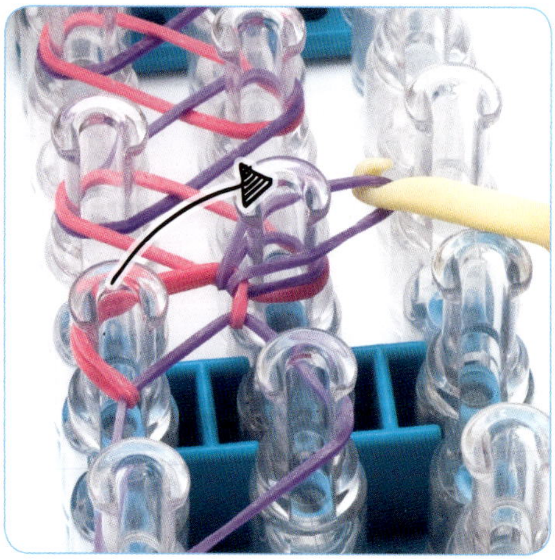

11 Hebe das Rubberband vom Stift ab und hänge es in den Stift ein, von dem es herkommt (= diagonal nach rechts).

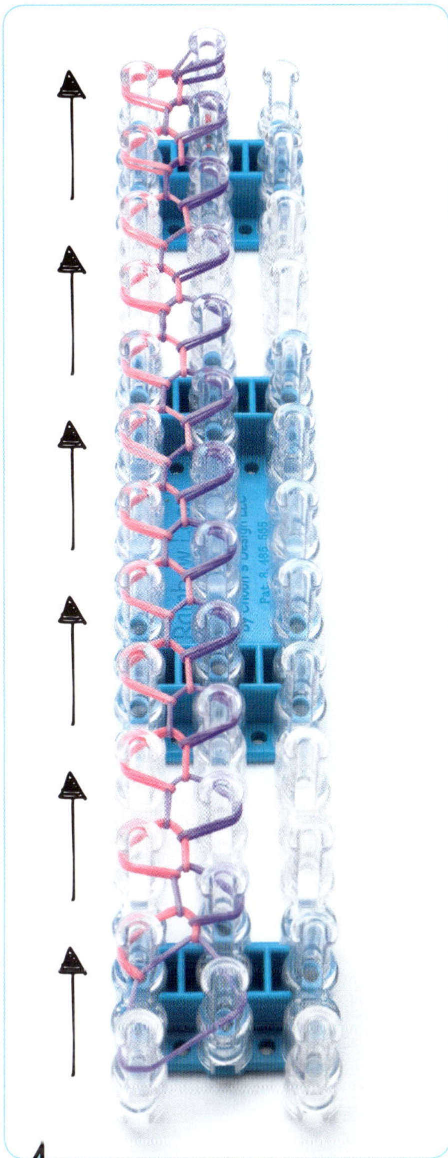

12 Mache genauso weiter, bis du oben am Loom angekommen bist. Wichtig: **Die Häkelnadel beim Greifen des Gummis immer in die Rille des Stifts einstechen.** Wenn du mit dem Knüpfen fertig bist, sollte dein Loom so wie auf dem Foto links aussehen. Hab Geduld. Mit ein bisschen Übung beherrschst du diese Technik bald wie im Schlaf!

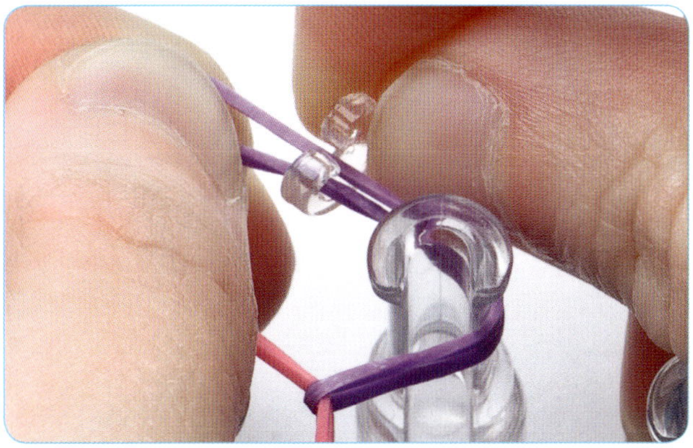

13 Nimm den Clip und hänge ihn in beide Schlaufen des Rubberbands ein, das über den letzten mittleren Stift gespannt ist: also des allerletzten Gummis, das du eingehängt hast. Wenn du die Schlaufen dabei mit einer Hand straff ziehst, tust du dich leichter.

14 Halte den Clip fest und löse dein Armband Stift für Stift vom Loom. Trau dich ruhig, fest an den Gummis zu ziehen, sie gehen nicht kaputt.

15 Jetzt brauchst du den Clip nur noch in das Rubberband auf der anderen Seite einzuhängen. Und schon ist dein erstes Armband fertig!

PROFI-TIPP: MUSTER AUS FARBEN.

Schon bei deinem ersten Armband kannst du nach Lust und Laune mit Farben spielen. Die Reihenfolge, in der du die Rubberbands auf den Loom spannst, bestimmt das Muster deines Armbands. Du kannst bei jedem Gummi die Farbe wechseln oder ein Streifenmuster knüpfen, indem du abwechselnd je drei Gummis von einer Farbe nimmst. Am besten, du legst dir deine 25 Rubberbands vorher in der gewünschten Reihenfolge zurecht.

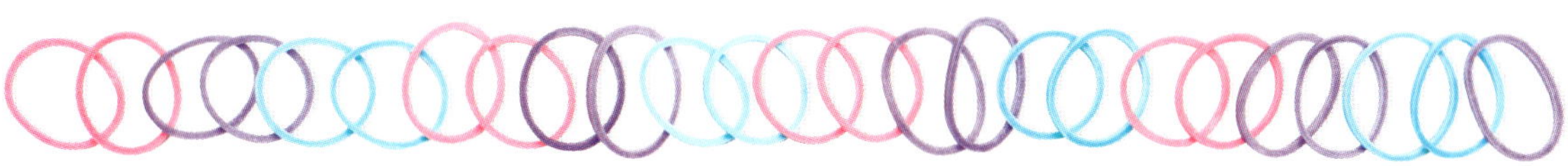

So funktionieren die Diagramme

Dein erstes Armband hast du fertig. Prima! Schau dir jetzt einmal das graue Diagramm dazu an, um zu verstehen, wie du mit diesen Diagrammen arbeiten kannst. Ein solches **Diagramm für das Spannen der Gummis** gibt es für die meisten Projekte in diesem Buch. Es zeigt dir, wie du die Rubberbands auf deinen Loom aufziehen musst, um ihn für das eigentliche Verknüpfen vorzubereiten. Dieses Aufziehen der Rubberbands nennt man »Bespannen«. Wenn das geschehen ist, brauchst du nur noch der Schritt-für-Schritt-Anleitung zum Verknüpfen folgen, und schon ist dein Armband fertig. So einfach ist das!

Im **Diagramm** wird gezeigt, in welcher Reihenfolge die Rubberbands zu spannen sind und wie dein Loom nach dem Bespannen aussehen soll. Auch die Farben der Gummis, die wir für die Projekte in diesem Buch verwenden, siehst du jeweils im Diagramm. Für das Basic-Armband haben wir zum Beispiel mit Lila und Rosa gearbeitet. Die Farben im Diagramm, die wir für die Gummis gewählt haben, kannst du jederzeit ändern. Aber bitte nie die Reihenfolge!

So spannst du die Gummis

Schau dir nun das graue Diagramm rechts für das Basic-Armband an. Wenn du dich an die Schritt-für-Schritt-Anleitung gehalten hast, sind deine Rubberbands nun, wie hier gezeigt, gespannt. Dein Loom sieht exakt so aus wie auf dem Foto rechts. Unser Tipp: Knüpfe ein weiteres Armband nur anhand des Diagramms. Du wirst sehen, wie gut das funktioniert.

13 x lila, 12 x rosa

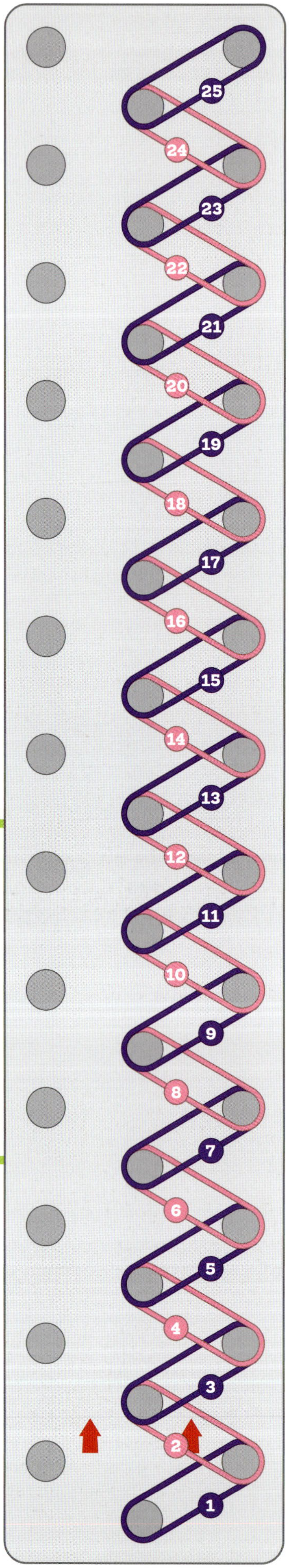

Von dieser Seite beginnen

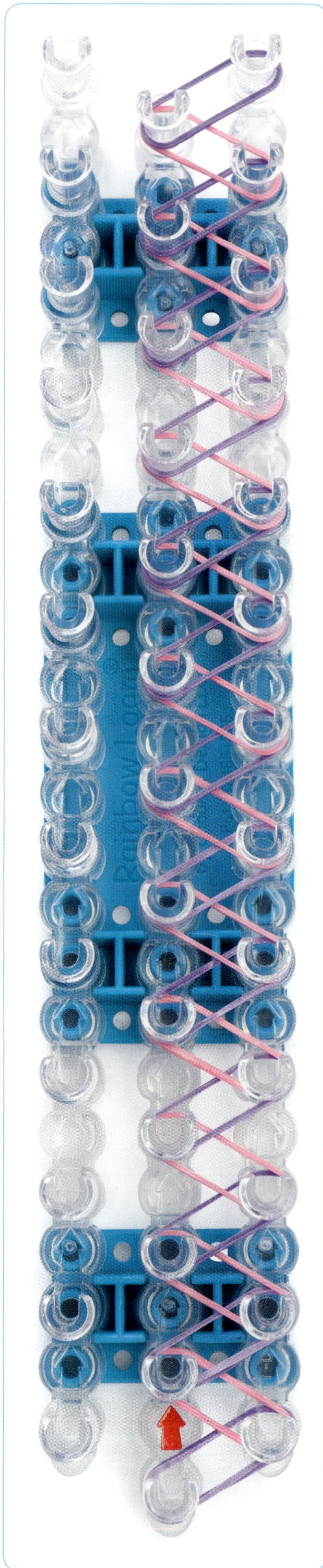

Tipps und Tricks

Schlussknoten

Bei den etwas komplizierteren Armbändern in diesem Buch musst du nach dem Knüpfen die Rubberband-Schlaufen mit einem festen Schlussknoten verbinden, der nicht aufgeht. Sechs oder acht Gummis passen nun einmal nicht in einen einzigen Clip. Hier siehst du, wie du diesen einfachen, aber robusten Knoten machst. In unserem Beispiel wird ein Armband mit sechs offenen Schlaufen fertiggestellt, die alle miteinander verknüpft werden müssen.

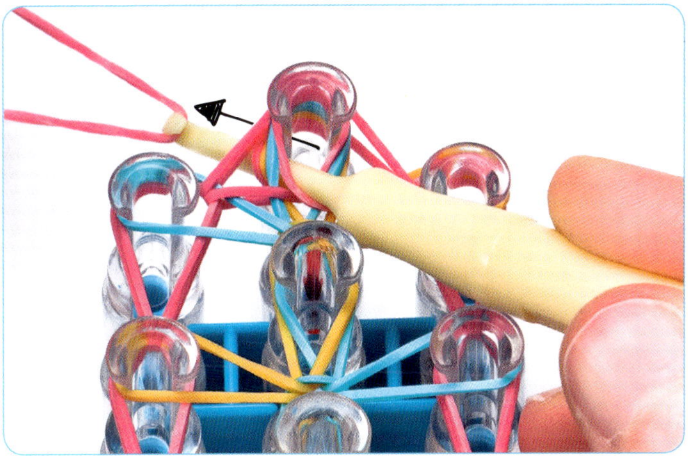

1 Stich die Häkelnadel durch die Rille des obersten Stifts und nimm, wie gezeigt, ein neues Rubberband (als Abschlussgummi) auf den Haken. Das andere Ende des Gummis hältst du über den Finger gespannt.

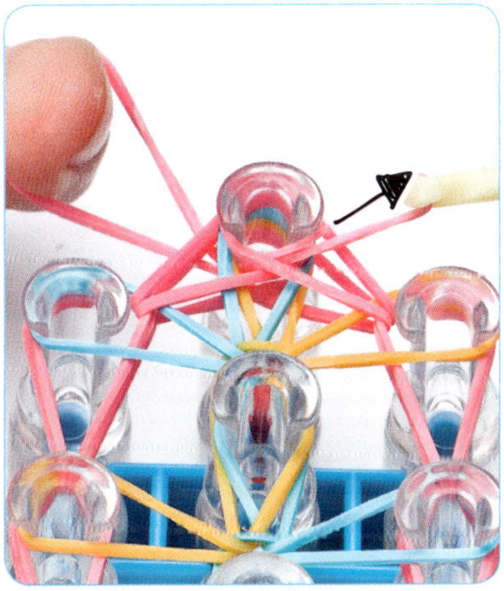

2 Zieh nun das Gummi mit der Häkelnadel durch alle Schlaufen, die du verbinden willst. Pass auf, dass sich die Nadel beim Durchziehen nicht verhakt.

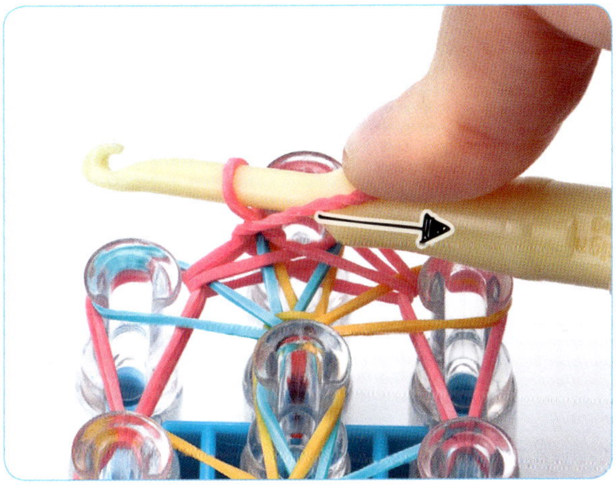

3 Zieh nun das Gummi vom Finger **über** die bereits auf der Häkelnadel befindliche Schlaufe, sodass es **hinter** der Schlaufe zum Liegen kommt.

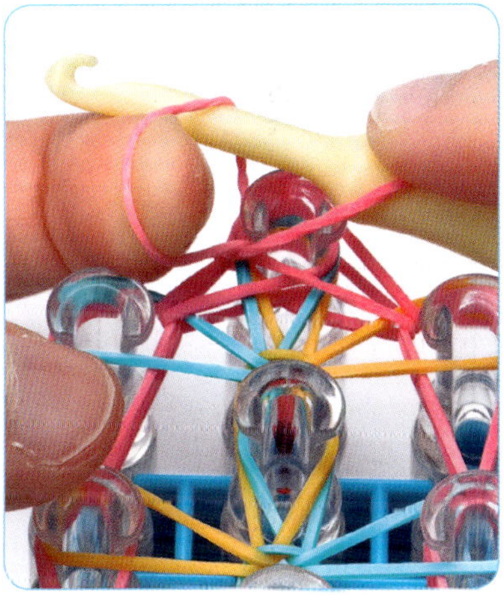

4 Nimm die **vordere** Schlaufe (das heißt: diejenige, die jetzt unmittelbar am Haken liegt) …

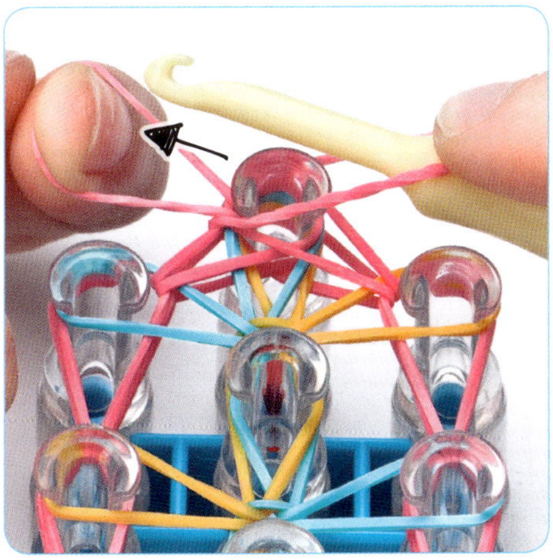

5 … und ziehe sie vom Stift auf den Finger.

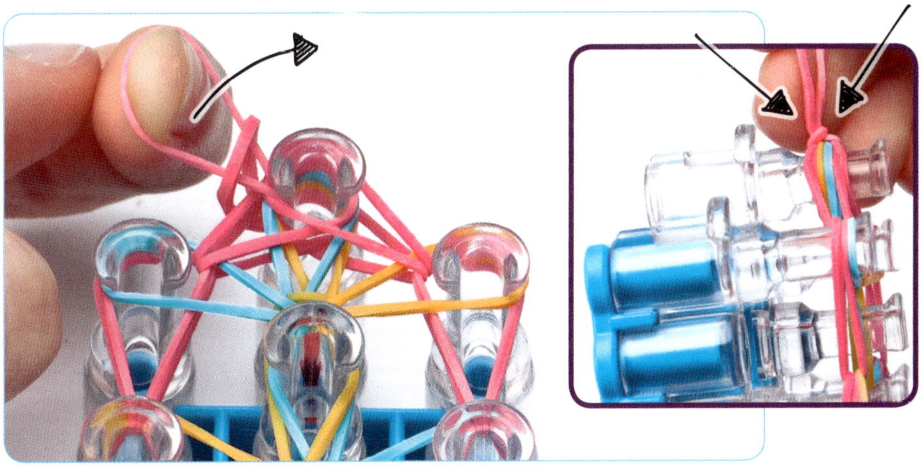

6 Lass die andere Schlaufe von der Nadel rutschen und ziehe mit dem Finger an der Schlaufe, sodass sich ein fester Knoten bildet. Ziehe den Knoten beim Festzurren so nach oben, dass er mittig sitzt.

Grundglieder mit der Häkelnadel

Für viele Projekte in diesem Buch brauchst du Grundglieder, die nicht mit dem Loom, sondern mit der Häkelnadel geknüpft werden. Keine Angst, das geht ganz einfach! So gehst du vor:

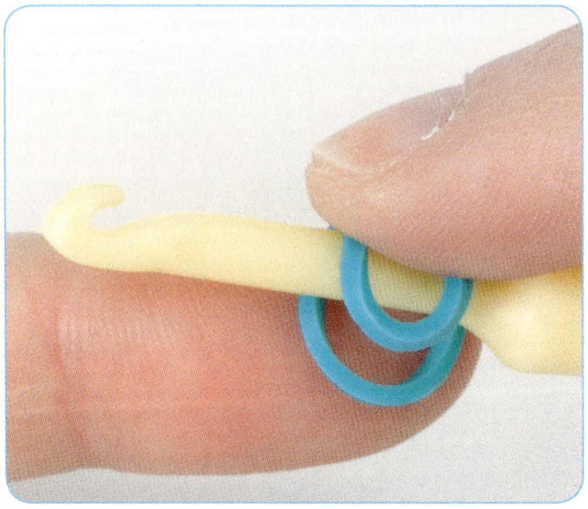

1 Lege ein Rubberband über die Häkelnadel, wie auf dem Foto gezeigt.

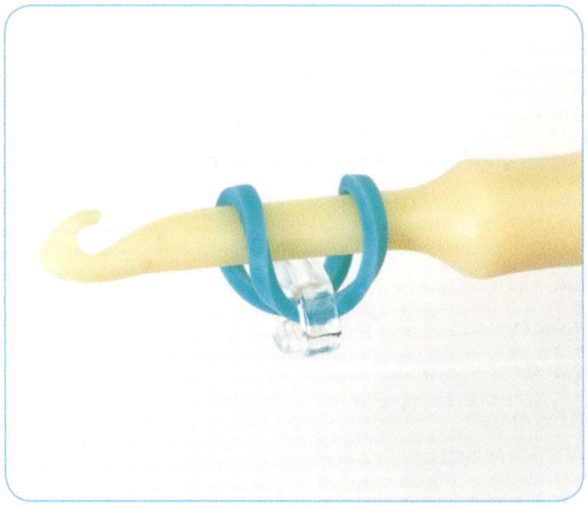

2 Verbinde die beiden Schlaufen mit einem Clip, sodass der Gummiring um die Nadel geschlossen ist.

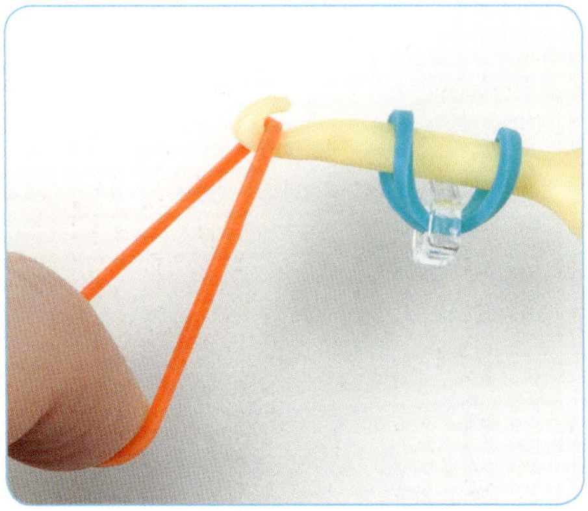

3 Nimm ein weiteres Gummi auf den Haken und spanne die andere Seite leicht mit dem Finger.

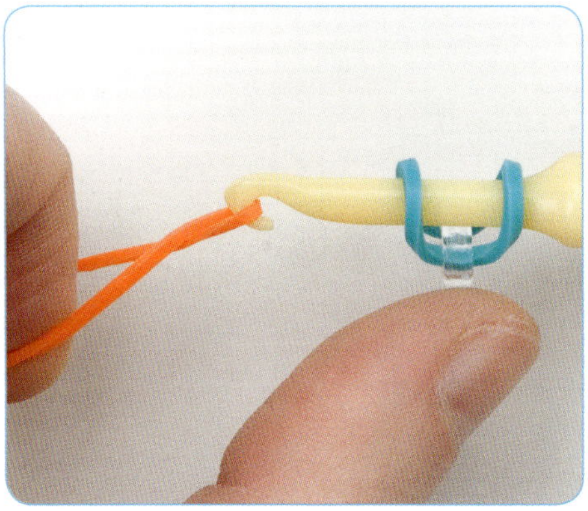

4 Drehe die Nadel, sodass der Haken nach unten zeigt. Pass auf, dass sich das Rubberband nicht mit dem Clip verdreht. Sieh dir das Foto genau an! Durch die Drehung lässt sich die Nadel durch das Gummi mit dem Clip ziehen, ohne hängenzubleiben.

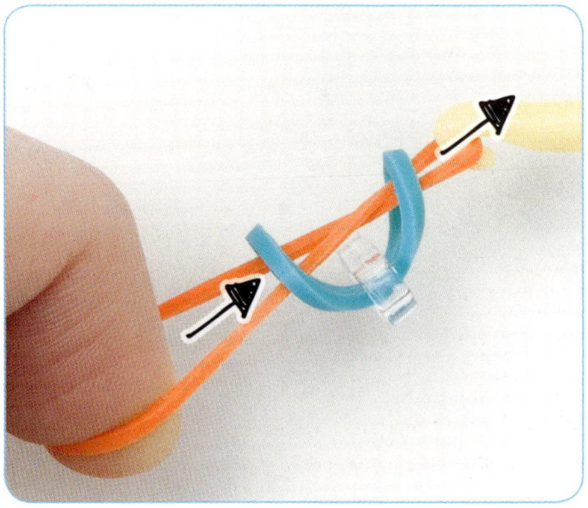

5 Ziehe das Rubberband vorsichtig durch beide Schlaufen. Dabei hältst du das andere Ende weiter mit dem Finger fest. Lass es nicht durchrutschen!

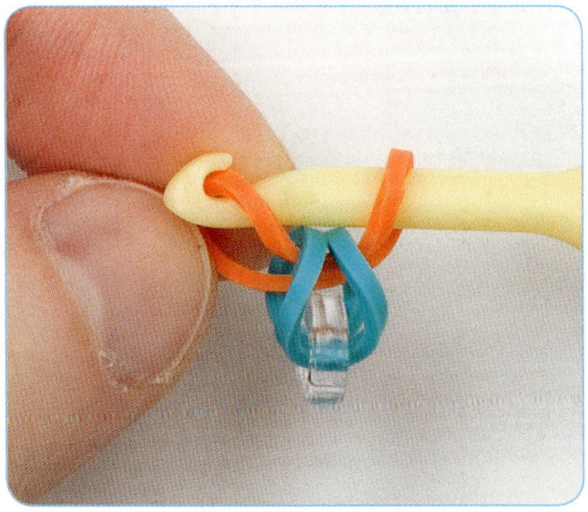

6 Jetzt drehst du den Haken wieder nach oben und hängst die Schlaufe von deinem Finger auf die Häkelnadel. Pass auf, dass du das Gummi nicht verdrehst. Das erste Gummi mit dem Clip hängt jetzt unterhalb der Nadel.

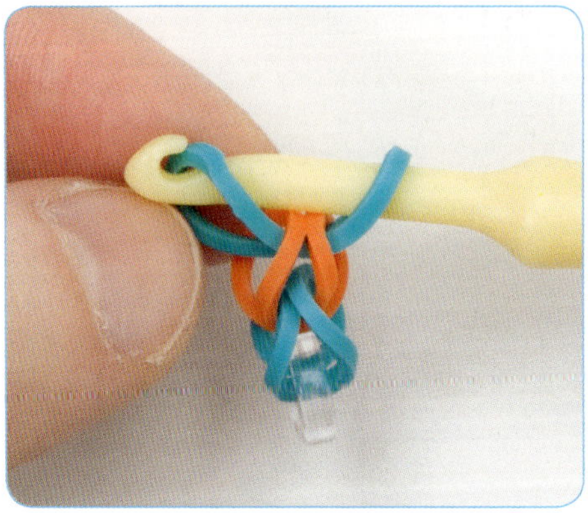

7 Füge eine weitere Schlaufe hinzu, indem du die Schritte 3 bis 6 mit einem neuen Gummi wiederholst. Die Häkelnadel drehen, das Gummi durchziehen, die Nadel zurückdrehen, die andere Schlaufe auf die Häkelnadel nehmen.

8 Auf diese Weise knüpfst du ein Glied nach dem anderen, bis du die gewünschte Kettenlänge erreicht hast. Mit ca. 25 Rubberbands kannst du so ein ganzes Armband knüpfen.

Verlängerung

Manche Muster lassen sich wegen der speziellen Knüpfweise oder der verwendeten Perlen weniger gut dehnen als andere. Sollte dir ein Armband zu eng werden, kannst du es problemlos mit Grundgliedern verlängern. (Wenn du zwei Looms hast, kannst du sie aneinanderfügen, um dein Schmuckstück von vornherein länger zu planen. Wie das geht, erfährst du unten.) So funktioniert das Verlängern:

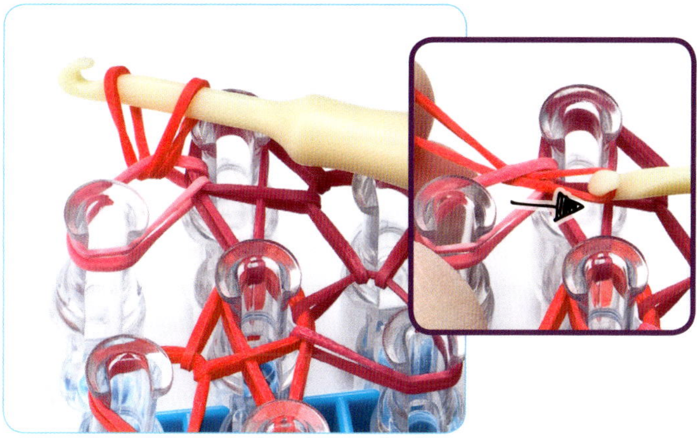

1 Ziehe ein neues Gummi durch das letzte Glied, von dem aus du dein Band verlängern willst. Das funktioniert genau wie beim Knüpfen von Grundgliedern (siehe Seite 10). Dann hole dir auch die andere Schlaufe auf die Häkelnadel.

2 Füge auf diese Weise so viele Verlängerungsglieder hinzu, wie du brauchst.

Mehrere Looms kombinieren

Wenn du mehrere Looms hintereinander (längs) oder nebeneinander (quer) legst, kannst du längere oder breitere Bänder knüpfen. In Längsrichtung lassen sich die meisten Looms kombinieren (siehe Bild ganz rechts). Beim Rainbow Loom funktioniert das auch quer, das gilt aber nicht für alle im Handel erhältlichen Looms. Für unsere Beispiele »Roboter« (Seite 32) und die Smartphone-Hülle (Seite 40) müssen die Stiftreihen versetzt angeordnet sein (siehe Bild links). Das geht, weil sich die Bodenplatte des Rainbow Looms abheben lässt. Zwei Looms nebeneinanderzulegen, ohne die Stiftreihen zu versetzen (siehe Bild in der Mitte), funktioniert leider nicht.

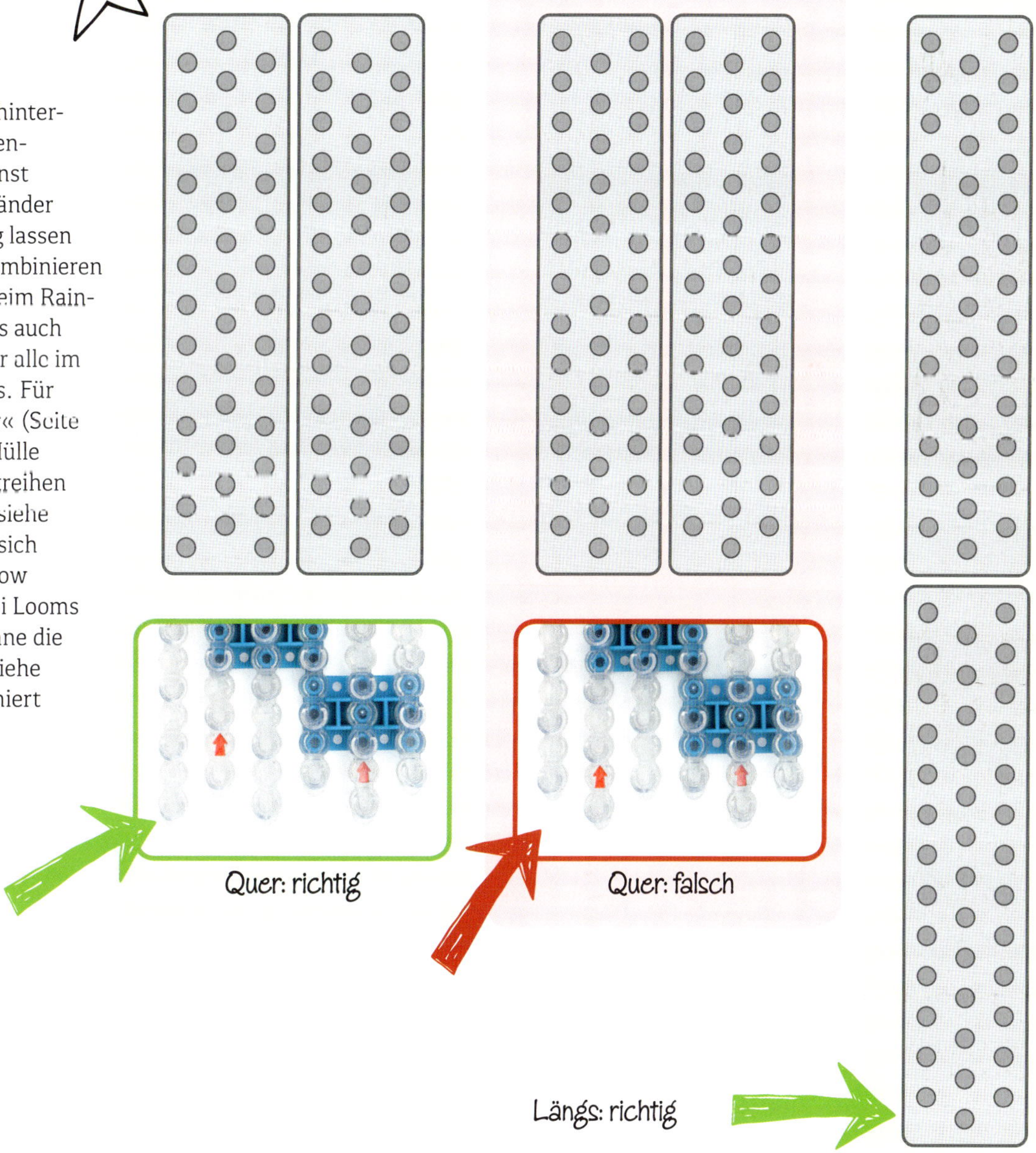

Projekte

Ranken-Armband

Dieses Muster ist wunderbar vielseitig. Du kannst Perlen einarbeiten, die Rubberbands doppelt oder dreifach legen oder auf unterschiedliche Art verdrehen: Jedes Mal entsteht ein neuer Look für dein Armband. Lass deiner Fantasie freien Lauf und kreiere deine Traum-Accessoires.

Blütenranken-Armband (1 Gummi pro Ring)

Blütenranken-Armband (3 Gummis pro Ring)

Ranken-Armband mit Baseball-Perlen

Ranken-Armband mit Achten

Das brauchst du:

34
Gummis, rosa (Ranken)

10, 20 oder 30
Gummis, neon-grün (Ringe)

1
Clip

In diesem Diagramm wird der Rainbow Loom gezeigt. Du hast einen anderen Loom? Kein Problem. Der funktioniert genauso gut. Halte dich einfach genau an das Diagramm und die Schritt-für-Schritt-Anleitung. Es könnten höchstens ein paar Stifte frei bleiben.

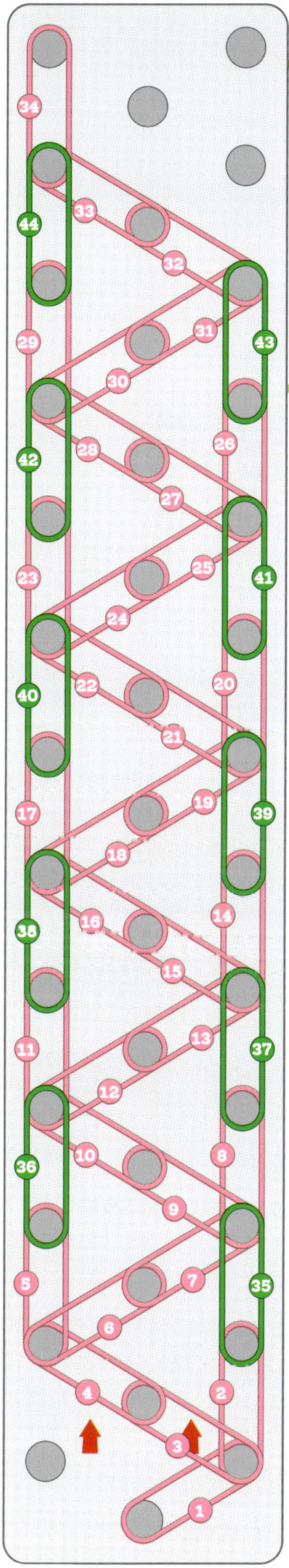

So spannst du die Gummis

Zuerst spannst du die 34 Rubberbands für die eigentlichen »Ranken«, wie im Diagramm gezeigt. Sie bilden ein Zickzackmuster, aber mit je einem zusätzlichen Gummi an den Eckpunkten. Wichtig: Spanne immer erst dieses zusätzliche Gummi, bevor du mit dem Zickzackmuster fortfährst. In die verbleibenden Lücken spannst du die Gummis für die »Ringe«, beginnend mit Rubberband 35 unten rechts am Loom. (In diesem Diagramm haben wir jeweils ein Gummi pro Ring genommen)

So wird verknüpft

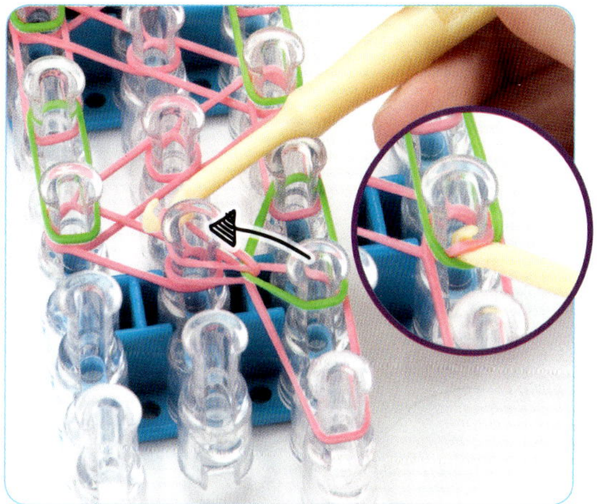

1 Dreh den Loom um, sodass der Pfeil nach unten weist. Hol dir das unterste Gummi vom zweiten Stift rechts und gib es auf den zweiten mittleren Stift (also: diagonal nach links). Wichtig: Mit der Häkelnadel immer in die Rille des Stifts stechen und dir das Gummi von innen her greifen!

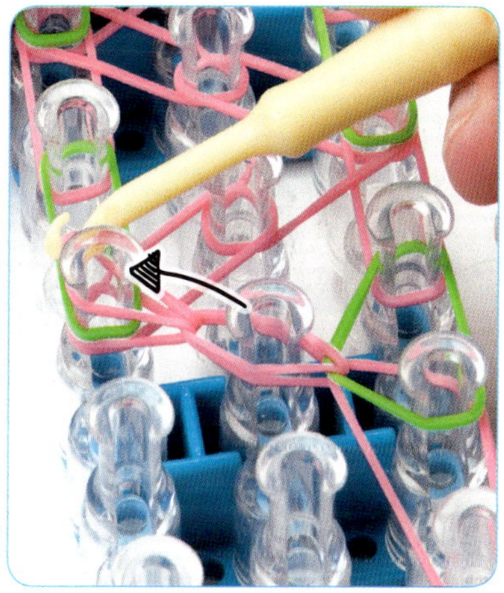

2 An dem Stift, an dem du jetzt bist, greifst du dir das unterste Gummi mit der Häkelnadel und hängst es wieder diagonal nach links.

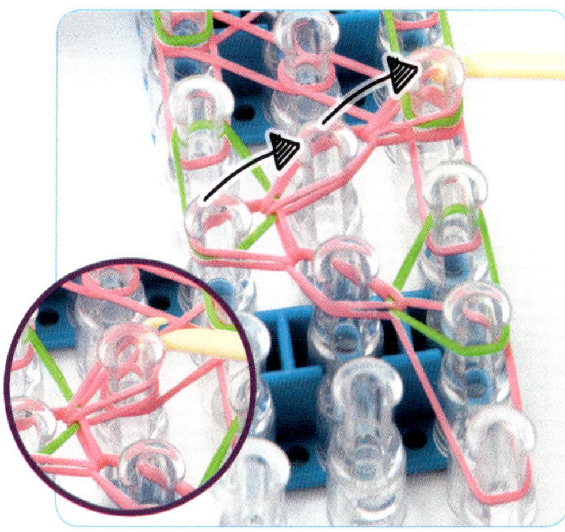

3 An dem Stift, an dem du jetzt bist, holst du dir das unterste Gummi und hängst es diagonal nach rechts. Und von dort aus noch einmal das Gleiche: wieder das unterste Gummi diagonal nach rechts spannen.

4 Jetzt Achtung! Bevor du dieses Muster fortsetzt, zuerst vom Stift eins weiter unten (also von dem, auf dem der »Ring« hängt) das untere Gummi holen und an deinem aktuellen Stift einhängen. Der Ring selbst wird nicht verknüpft.

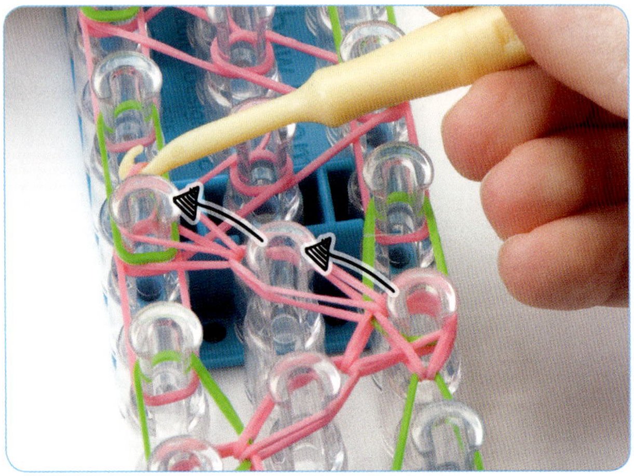

5 Jetzt geht es weiter wie in Schritt 3, diesmal jedoch in die andere Richtung: Das unterste Gummi vom aktuellen Stift diagonal nach links hängen. Und noch einmal: diagonal nach links.

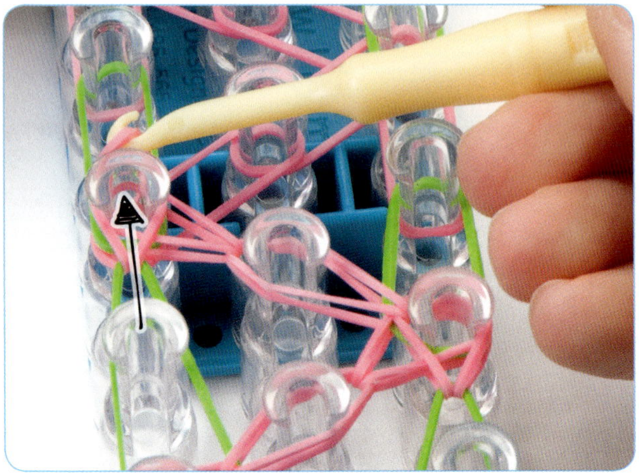

6 Wie in Schritt 4 nun wieder das Gummi von dem Stift eins weiter unten holen und an deinem aktuellen Stift einhängen.

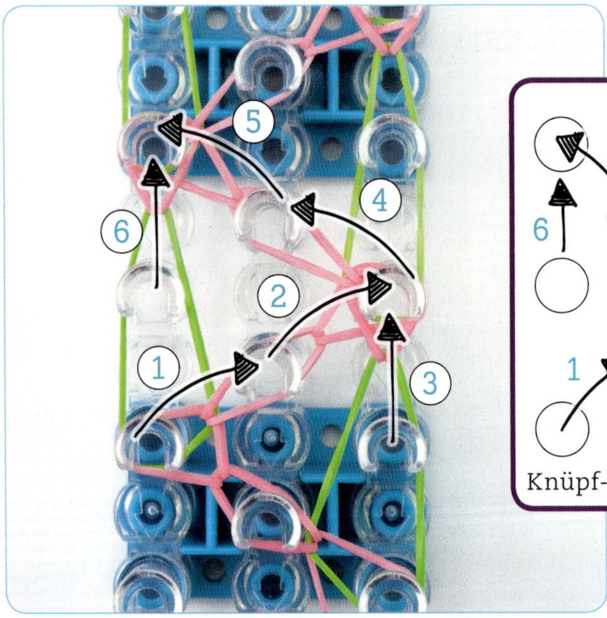

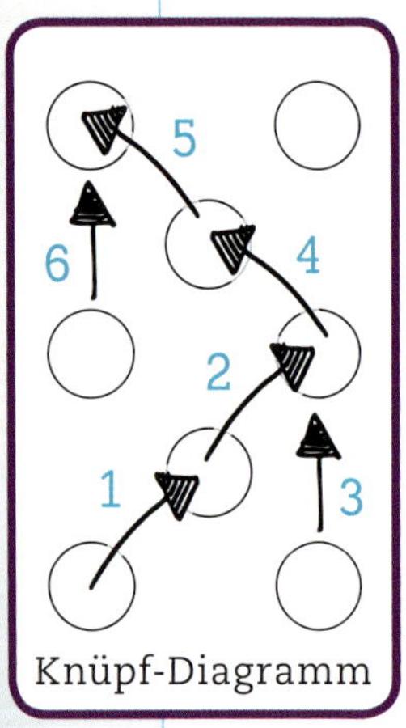

Knüpf-Diagramm

7 Wiederhole die Schritte 3 bis 6, bis du oben angekommen bist: zweimal diagonal nach rechts ① ②; dann das Gummi einhängen, das den Ring hält ③, siehe Knüpf-Diagramm.

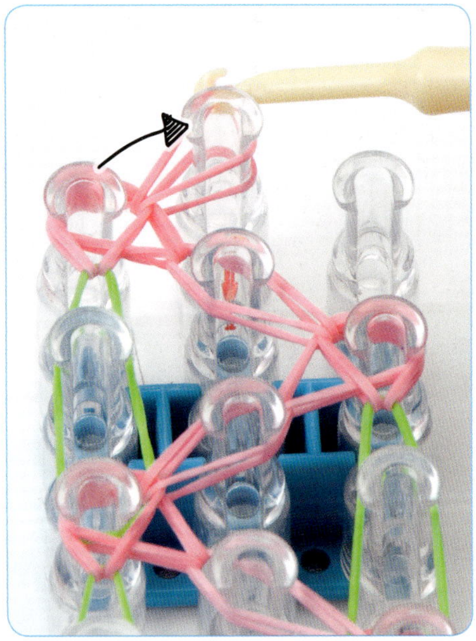

8 Nun das unterste Gummi vom obersten Stift der linken Reihe auf den obersten mittleren Stift hängen. Die beiden letzten Schlaufen mit einem Clip sichern und das Armband vom Loom ziehen.

PROFI-TIPP

Sei nicht frustriert, wenn ein Armband (oder ein anderes Projekt) nicht auf Anhieb gelingt! Versuche es einfach noch einmal und finde heraus, was genau schiefgelaufen ist. Du kommst sicherlich schnell dahinter und kannst dir dann so viele Projekte in deinem Lieblingsdesign knüpfen, wie du möchtest.

Von dieser Seite beginnen

44 x schwarz, 10 Perlen

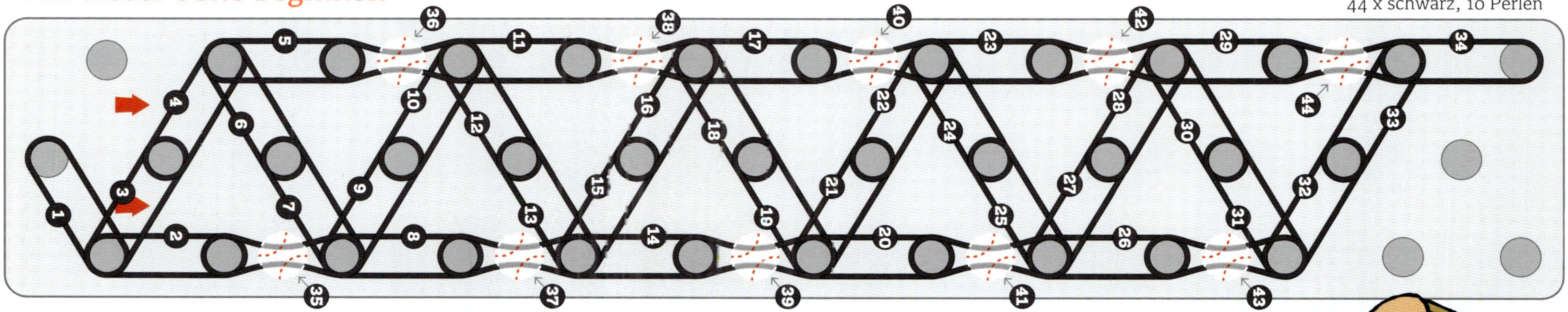

Baseball-Perlen: Für dieses Armband im Ranken-Muster ziehst du einfach auf jedes Rubberband, das als »Ring« dienen soll, je eine Perle auf, bevor du es auf den Loom spannst.

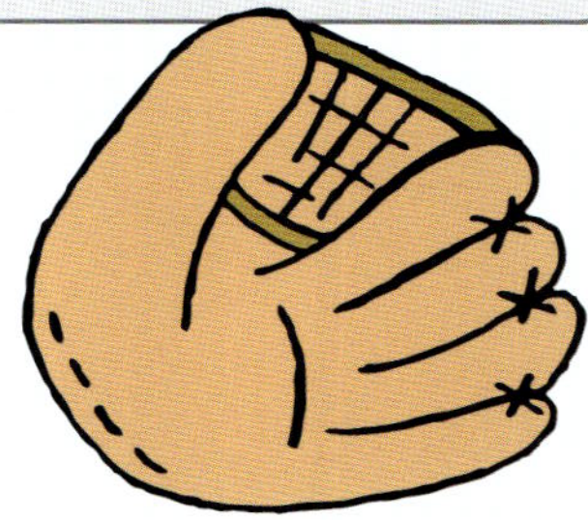

Von dieser Seite beginnen

34 x türkis, 10 x lila

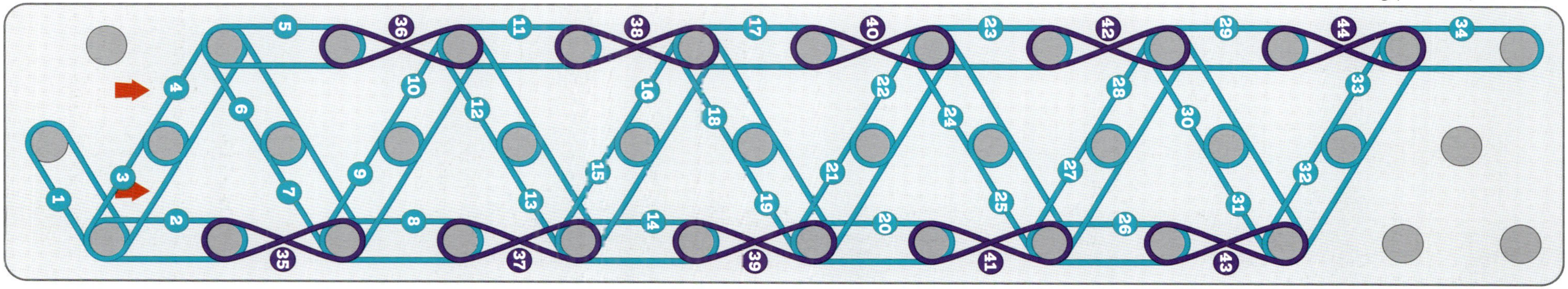

Rubberband-Achten: Mit diesem kleinen Trick erzielst du ohne viel Aufwand eine große Wirkung! Du brauchst nur die Gummis für die »Ringe« einmal zu verdrehen, bevor du sie auf den Stiften einhängst.

Pinguin

Diese süßen Pinguine kannst du als Charms an dein Armband oder an einen Rucksack hängen. Du kannst sie auch zum Spielen verwenden oder einfach als Dekoration. Sie sind wirklich leicht zu fertigen. Im Nu hast du dir einen ganzen Schwarm der niedlichen Watschelvögel herbeigezaubert.

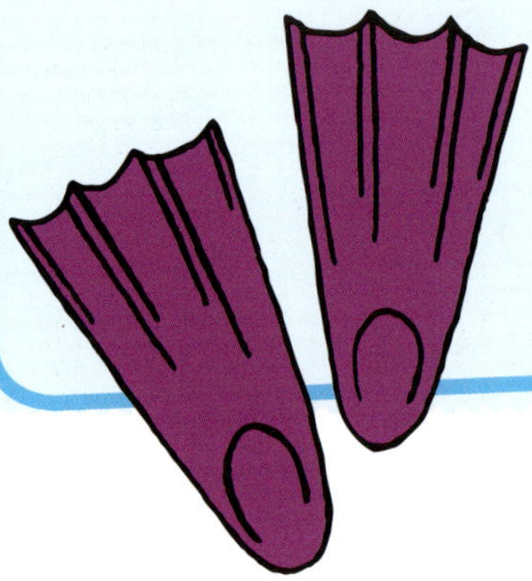

Das brauchst du:

- **84** Gummis, grau (58 für den Körper, 26 für die Flügel)
- **12** Gummis, weiß (für den Körper)
- **6** Gummis, orange (für die Füße)
- **1** Rasta-Perle (9 x 6 mm, für den Schnabel)
- **2** Gummis, grau (Abschlussgummis)

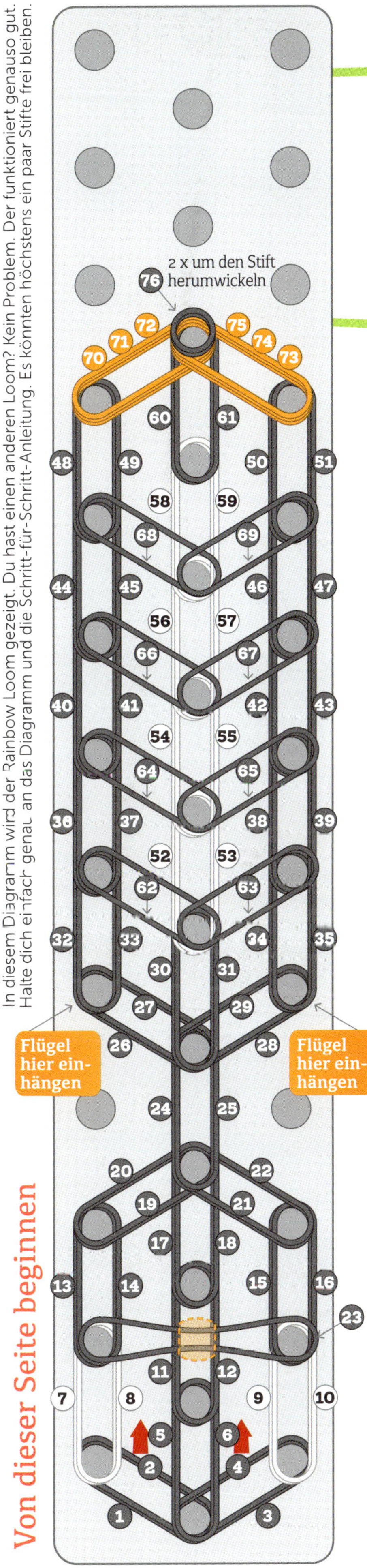

So spannst du die Gummis – Pinguin-Körper

Im Diagramm siehst du, wie die Rubberbands für den Pinguin-Körper gespannt werden. Halte die Reihenfolge exakt ein und lasse keine Gummis aus! Achte darauf, welche Gummis doppelt und welche einfach genommen werden. Und vergiss auf keinen Fall, zuletzt in der mittleren Reihe ein Gummi doppelt um den obersten Stift zu wickeln (Gummi 76). Dazu hängst du es einfach auf einer Seite ein, verdrehst es und hängst es dann auf der anderen Seite ein, genau so, als würdest du ein Haargummi um einen Pferdeschwanz machen.

Ein paar Worte vorweg

Bevor du mit dem Pinguin-Körper beginnst, knüpfst du die Flügel, wie unten erklärt. Pro Flügel brauchst du 13 Gummis. Wenn sie fertig sind, bespannst du deinen Loom, wie im Diagramm gezeigt, und hängst die Flügel an den markierten Stiften ein.

So wird verknüpft – Flügel

1 Wickle ein Rubberband dreimal um die Häkelnadel, also: Gummi einhaken, das Ende verdrehen und einhaken, das Ende noch einmal verdrehen und wieder einhaken. Auf diese Weise erhältst du drei Schlaufen.

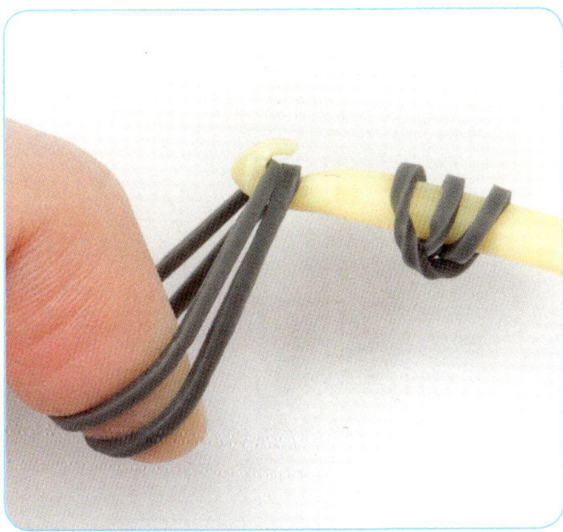

2 Jetzt knüpfst du sechs Grundglieder (siehe Seite 10), aber nimm dabei die Gummis doppelt, sodass du ein sogenanntes Schlaufenpaar auf dem Haken deiner Nadel hast. Du brauchst also 12 Rubberbands für diese sechs Glieder. Wichtig: Ziehe beim ersten Mal die zwei Gummis durch alle drei Schlaufen, die auf der Häkelnadel liegen!

3 Wenn der erste Flügel fertig ist (du brauchst natürlich zwei), setzt du ihn vorübergehend auf einen der freien Stifte am oberen Ende deines Looms. So brauchst du keinen Clip einzufädeln. Dann fertigst du den zweiten Flügel genauso an.

So wird verknüpft – Pinguin

4 Vergiss nicht, die beiden Flügel, wie im Diagramm gezeigt, auf dem Loom einzuhängen, bevor du mit dem Knüpfen anfängst. Dreh den Loom, sodass der Pfeil nach unten zeigt, also zu dir hin. Stich mit der Häkelnadel durch das doppelt gewickelte Rubberband am untersten mittleren Stift, greife dir die oberen drei orangenen Schlaufen (für den linken Fuß) und hänge sie diagonal nach links oben. Dann greifst du dir die anderen drei orangenen Schlaufen (für den rechten Fuß) und legst sie diagonal nach rechts oben.

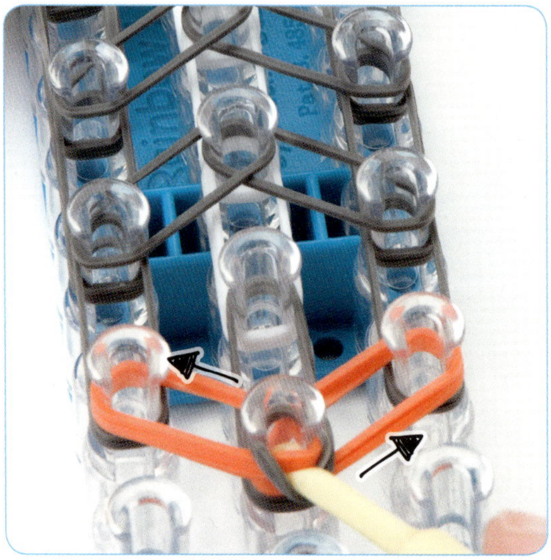

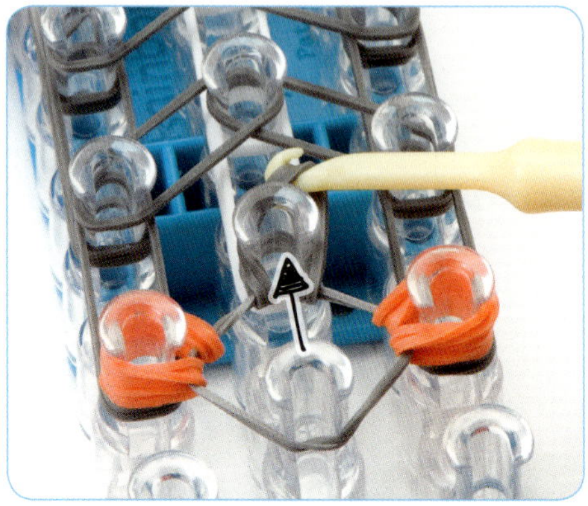

5 Nimm das untere graue Schlaufenpaar vom untersten Stift der mittleren Reihe und hänge es auf dem Stift eins weiter oben ein.

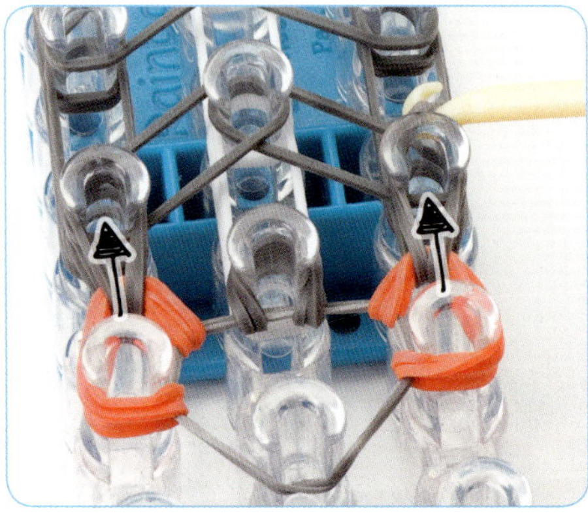

6 Von den beiden Stiften, an denen du die orangenen Gummis eingehängt hast, nimmst du jetzt jeweils das untere graue Schlaufenpaar und spannst die Schlaufen auf den nächsthöheren Stift. Auch hier: Mit der Häkelnadel in die Rille des Stifts stechen und die Gummis von innen her greifen!

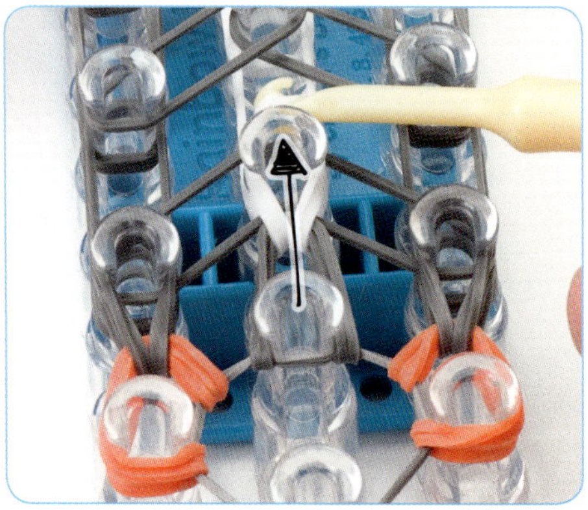

7 Jetzt geht es in der mittleren Reihe weiter. Hebe das weiße Schlaufenpaar vom Stift ab und hänge es eins höher. Die Gummis von innen her greifen!

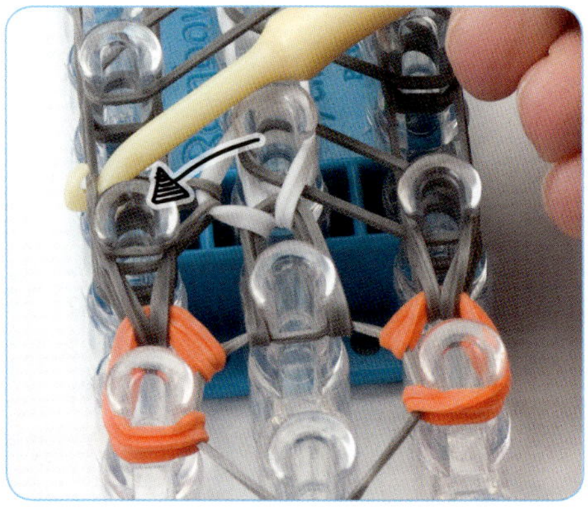

8 Nimm das obere graue Gummi von dem Stift, an dem du gerade bist und hänge es diagonal nach links unten. Auf diese Weise spannst du das Rückgrat deines Pinguins zur Seite hin. Achte darauf, auch wirklich das obere Gummi zu erwischen!

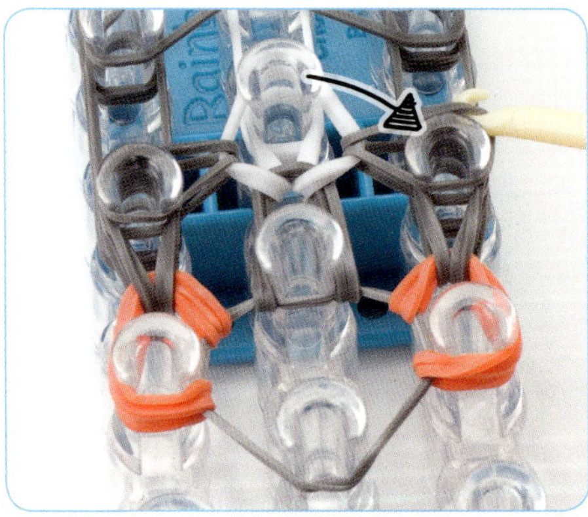

9 Jetzt nimmst du das zweite graue Gummi von demselben Stift und spannst es diagonal nach rechts unten.

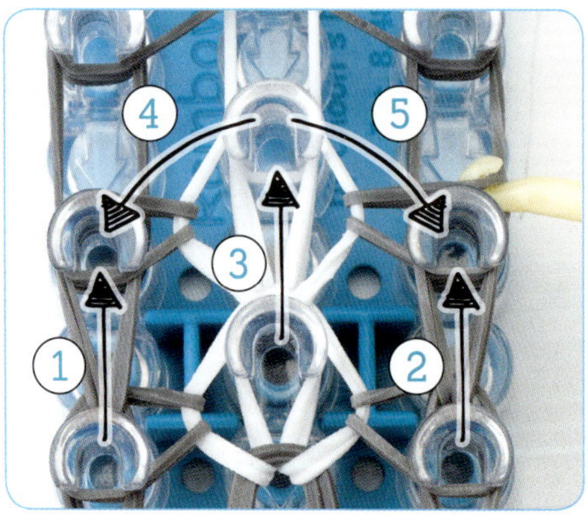

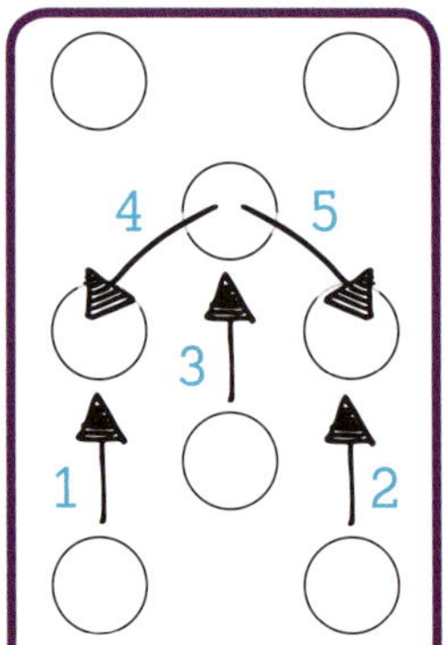

Knüpf-Diagramm

10 Verknüpfe nun, wie im Knüpf-Diagramm gezeigt, den Rest des Pinguin-Körpers: In der rechten und linken Reihe das untere Schlaufenpaar jeweils eins höher hängen (1) (2), das Schlaufenpaar für das Rückgrat in der mittleren Reihe ebenfalls eins höher hängen (3) und dann die zwei Schlaufen zur seitlichen Verspannung des Rückgrats einmal diagonal nach links unten (4) und einmal diagonal nach rechts unten (5) spannen.

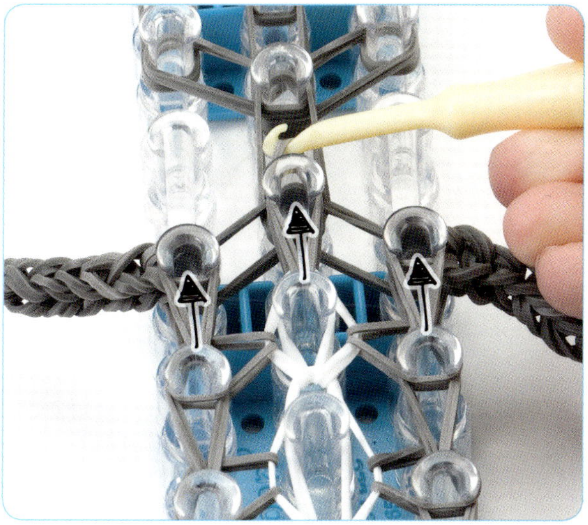

11 Wenn du alle weißen (einfach gelegten) Rückgrat-Schlaufen der mittleren Reihe verknüpft hast, kommt das letzte graue Schlaufenpaar in der linken und rechten Reihe dran: Hänge es eins höher an den Stiften mit den Flügeln ein. Nun das letzte Schlaufenpaar in der Mitte eins höher hängen.

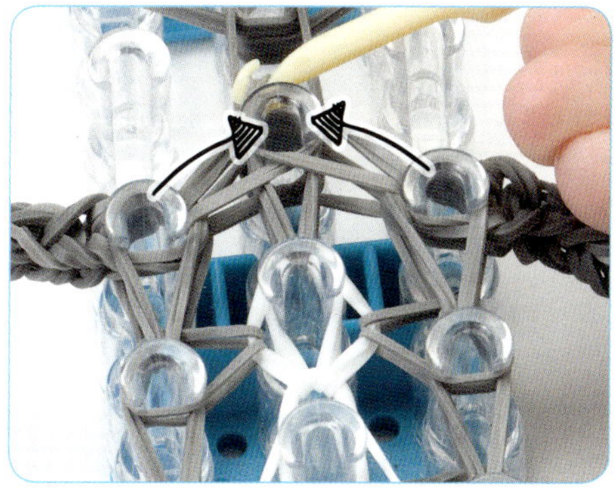

12 Jetzt greifst du dir von beiden Seiten jeweils das untere graue Schlaufenpaar von den Stiften mit den Flügeln und hängst es diagonal nach oben auf den mittleren Stift. Wichtig: Mit der Häkelnadel bis ganz nach unten durch alle Schlaufen der Flügel stechen, wenn du die Gummis auf den Haken nimmst.

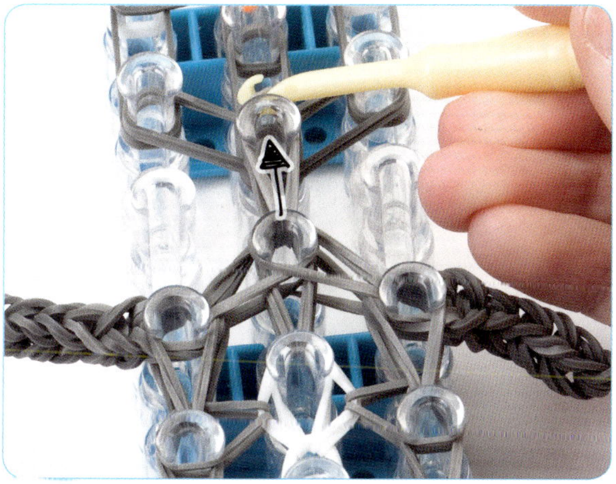

13 Jetzt ist wieder die mittlere Reihe dran. Das untere graue Schlaufenpaar vom Stift abheben und eins höher spannen. Dieses ist der Hals des Pinguins. Da an dieser Stelle ziemlich viele Schlaufen zusammenkommen, musst du die Nadel wirklich sehr tief in die Rille einstechen, um an die untersten beiden Gummis heranzukommen.

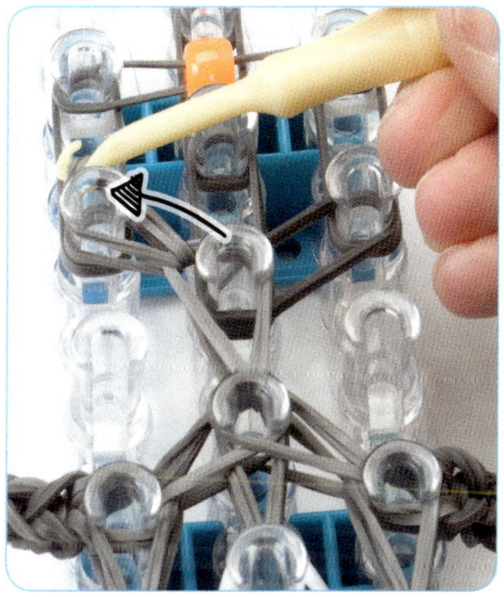

14 Bleib bei dem Stift in der mittleren Reihe und hänge das obere graue Schlaufenpaar nach links oben.

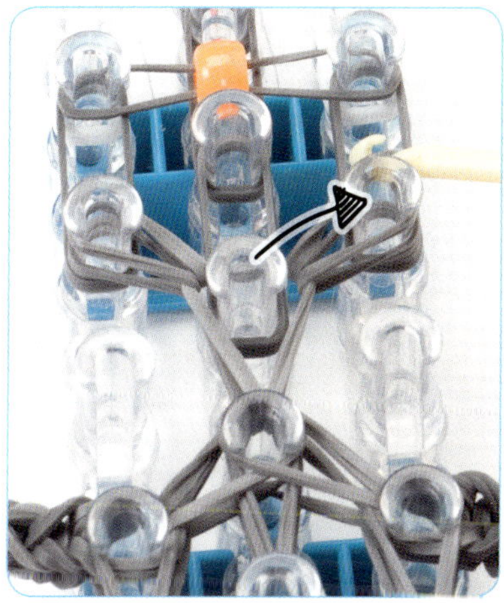

15 Stich mit der Nadel am selben Stift durch den »Hals« hindurch, greif dir das mittlere graue Schlaufenpaar und hänge es diagonal nach rechts oben.

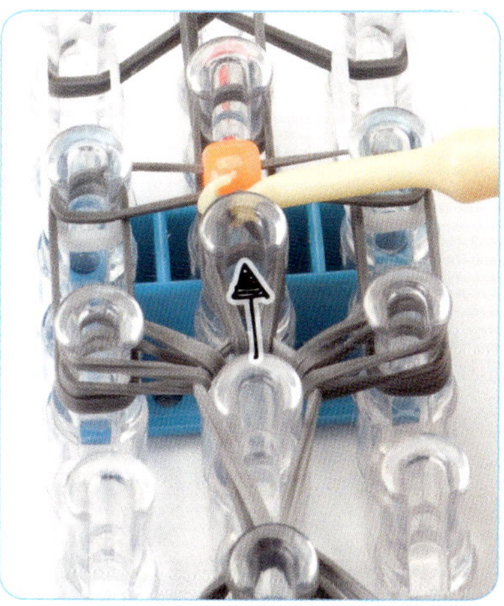

16 Vom selben Stift hebst du nun das letzte Schlaufenpaar ab und hängst es gerade einen Stift höher.

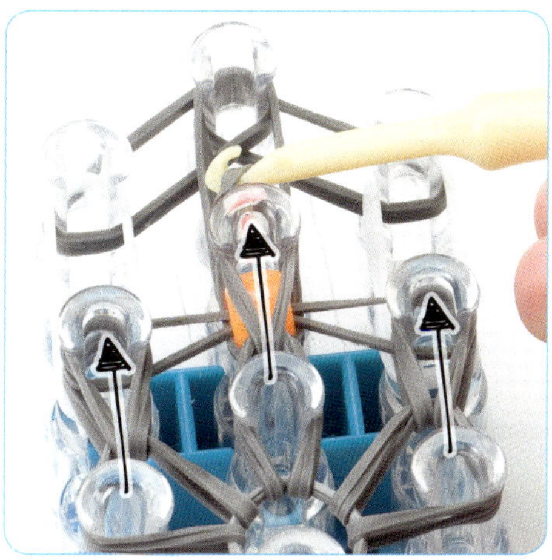

17 Dann von den Stiften der linken bzw. rechten Reihe, bei denen du gerade warst, jeweils die untersten grauen Schlaufenpaare eins höher hängen. Und in der Mitte ebenfalls.

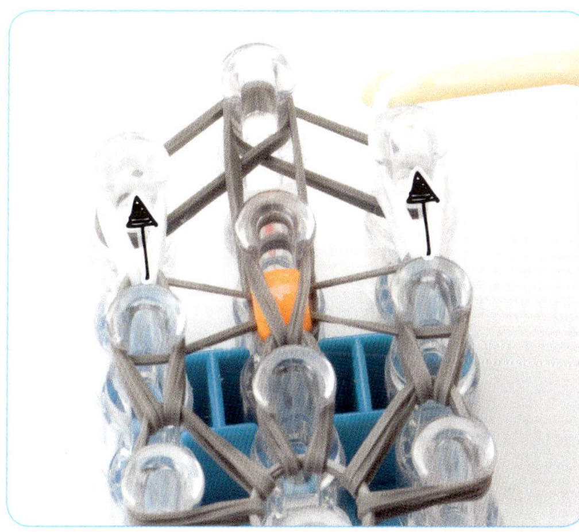

18 Als Nächstes die beiden weißen Doppelschlaufen der linken bzw. rechten Seite eins höher spannen (dies werden die Augen). Wichtig: Führe die Häkelnadel beim Einstechen innen an dem Gummi vorbei, auf dem die Perle sitzt. Dieses Gummi darf nicht mit verknüpft werden.

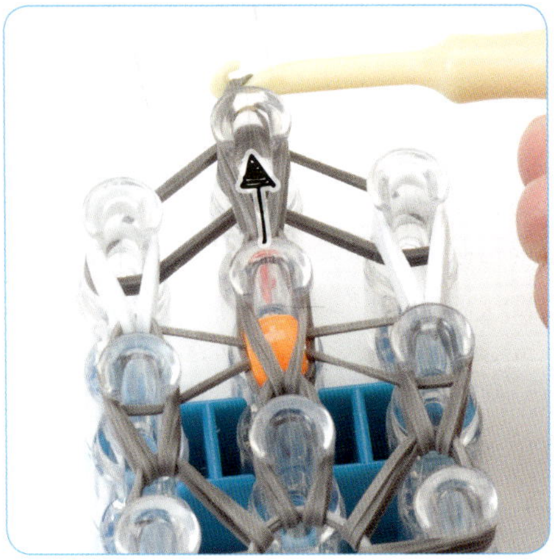

19 Nun die letzten grauen Doppelschleifen des Kopfes in der mittleren Reihe eins höher auf den obersten Stift des Looms hängen.

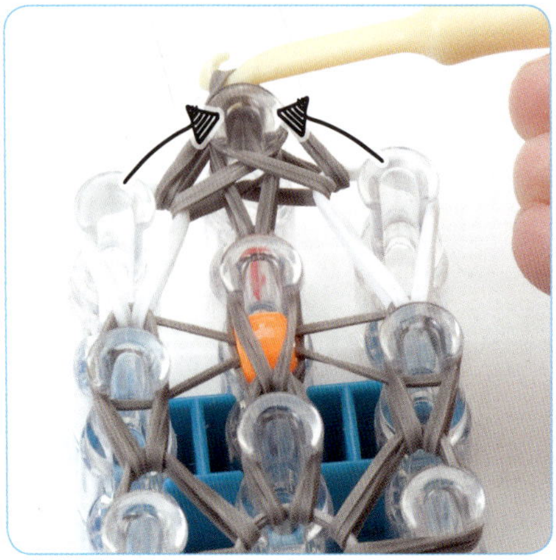

20 Die letzten beiden grauen Doppelschleifen in der linken und rechten Reihe ebenfalls am obersten Stift der mittleren Reihe einhängen.

21 Alle Schlaufen, die sich dort befinden, mit einem Schlussknoten sichern (siehe Seite 9). Nimm zum Durchziehen zwei Rubberbands. Und dann löse den fertigen Pinguin behutsam Stift für Stift vom Loom.

Haubenpinguin

Für diese Variante brauchst du vier gelbe Gummis zusätzlich. Stich mit der Häkelnadel von vorn nach hinten durch die grauen (bzw. schwarzen) Rubberbands über den Augen (Gummis 1 bis 4 im Diagramm), ziehe zwei gelbe Gummis durch, sodass du auf jeder Seite eine Doppelschlaufe hast. Ziehe eine Doppelschlaufe durch die andere für einen Schlussknoten und ziehe ihn straff. Das Gleiche machst du auf der anderen Seite. Dann die Schlaufen der Schlussknoten oben aufschneiden. Und fertig ist das »Häubchen«!

Kaiserpinguin

Bei diesem schwarzen Kaiserpinguin haben wir direkt unter den Augen je ein gelbes und ein orangenes Gummi statt der schwarzen verwendet (Gummis 13 bis 16 im Diagramm). Und den Bauch haben wir komplett aus weißen Rubberbands geknüpft.

Baby-Pinguin

Der Baby-Pinguin ist eigentlich nur die Mini-Ausgabe seines großen Bruders. Schau dir das Foto hier an und entscheide, wie viele Reihen du knüpfen möchtest. Soll dein Baby-Pinguin auch ein paar lustige Fransenfedern auf dem Kopf haben, wie auf dem Bild gezeigt, kannst du über den Augen je zwei Schlaufenpaare einziehen und sie mit einem Schlussknoten sichern. Wie das geht, kannst du beim Haubenpinguin nachlesen. In diesem Fall schneidest du sie jedoch sehr kurz ab.

Schieber für Kopfhörer-Kabel

Auf sechs Stiften deines Looms kannst du dir diesen Schieber im Fischgräten-Muster knüpfen. Damit gibt's kein nerviges Verheddern deines Kopfhörer-Kabels mehr, weil es zu lang ist: Ab jetzt regelst du das mit dem Schieber. Und aus einem stinknormalen Technikzubehör machst du im Handumdrehen ein lässiges Gadget!

Das brauchst du:

- **12** Gummis, türkis
- **12** Gummis, gelb
- **12** Gummis, neon-orange
- **1** Kopfhörer (mit Ohrstöpseln oder Ohrbügeln)

Für dieses Projekt kannst du auch den EZ Looper™ von Pepperell Braiding Company verwenden.

Ein paar Worte vorweg

Jeder Kopfhörer ist anders, und manche sind etwas empfindlicher, was die Montage der Kabel anbelangt, an denen der Schieber hin- und hergeschoben wird. Deshalb gilt: **Verwende keine Gummis, die schlecht gleiten** – nimm normale Farben und keine mit glänzender, gelartiger oder stumpfer Oberfläche. Wenn du Angst hast, dass dein Kopfhörer-Kabel beim Einknüpfen Schaden nehmen könnte, dann ziehe bei Schritt 3 der Anleitung das Kabel ganz bis zum Ende durch über die Stelle hinaus, an der es sich zu den Ohrstöpseln hin verzweigt. Das Knüpfen dauert dann zwar etwas länger, weil du jeden Gummiring über die ganze Kabellänge ziehen musst, aber so stellst du sicher, dass du das Kabel nicht knickst. Wenn der Original-Schieber an deinem Kabel sehr groß ist, ist es besser, mit dem Knüpfen deines Rubberband-Schiebers von der Seite her zu beginnen, wo sich die Kabel verzweigen. Es könnte sonst schwierig werden, ihn überzuziehen.

So wird verknüpft

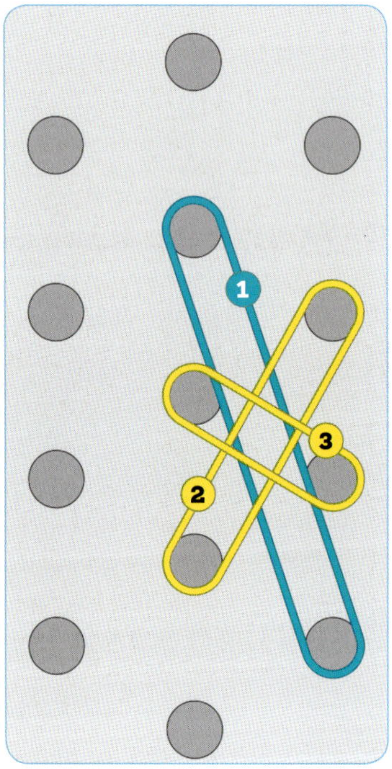

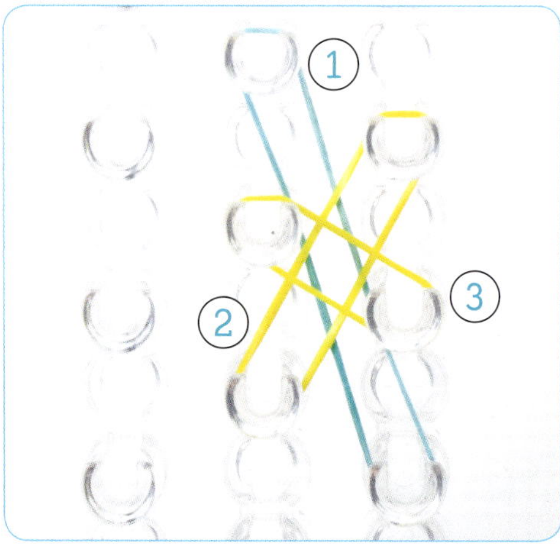

1 Spanne die erste Schicht aus drei Gummis auf sechs Stifte, wie auf dem Foto gezeigt. Hänge sorgfältig ein Gummi nach dem anderen im Uhrzeigersinn ein: Zuerst kommt das, was am meisten gedehnt wird (größter Abstand zwischen den Stiften), und als letztes das, was am wenigsten gedehnt wird (kürzester Abstand zwischen den Stiften).

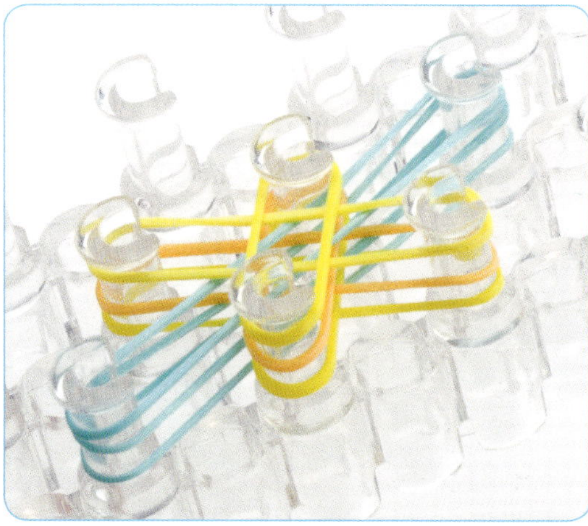

2 Spanne zwei weitere Schichten von je drei Gummis auf dieselben Stifte. (Ideen für Farbmuster findest du auf Seite 25). Pass beim Einhängen der Gummis auf, dass sich nicht versehentlich die Reihenfolge verschiebt. Man sollte genau sehen können, welches Gummi zu welcher Schicht gehört.

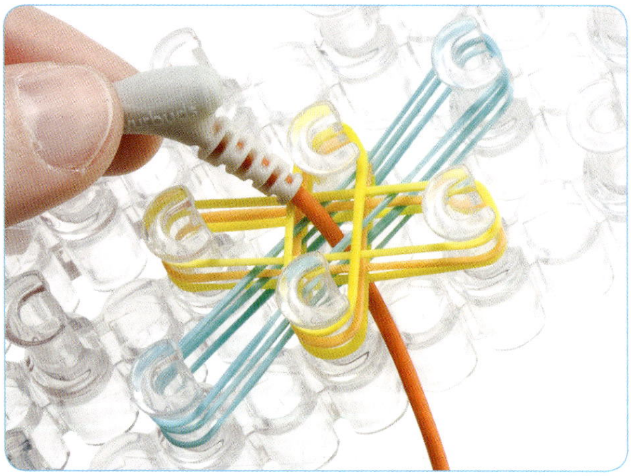

3 Ziehe nun den Stecker am Kopfhörer-Kabel von unten her durch das Loch, das sich in der Mitte gebildet hat, sodass er oben ca. 2,5 cm heraussteht. Führe das Kabel von der Seite des Looms her ein und nicht zwischen den Stiften hindurch.

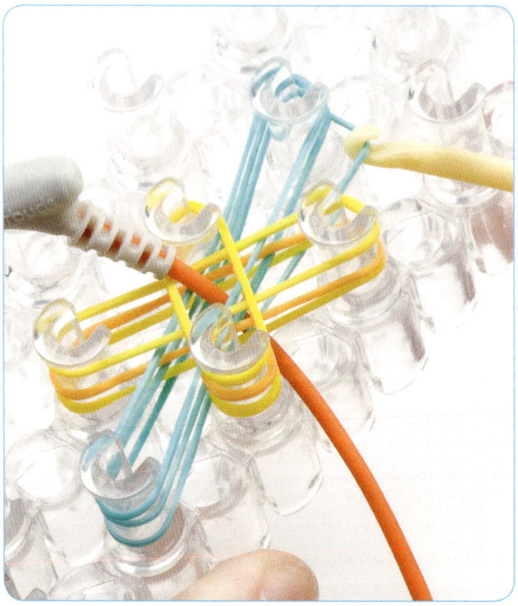

4 Hebe das unterste Gummi vom linken oberen Stift mit der Häkelnadel ab …

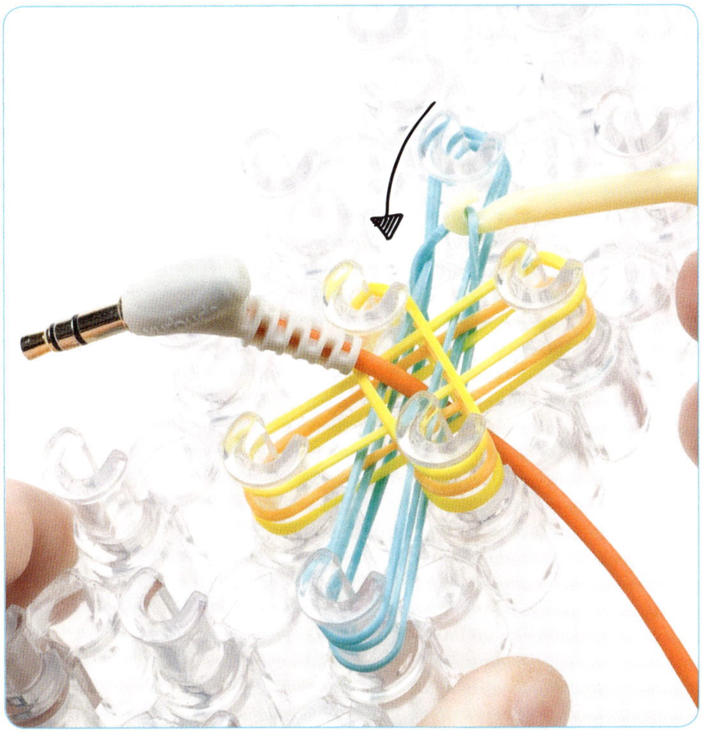

5 … und lass es vom Stift gleiten. Es hängt jetzt nicht mehr auf dem Loom, sondern wird von den anderen Rubberbands gehalten. Im Uhrzeigersinn verfährst du nun genauso mit allen Gummis der untersten Schicht. Nun hängen auf allen sechs Stiften nur noch jeweils zwei Gummis.

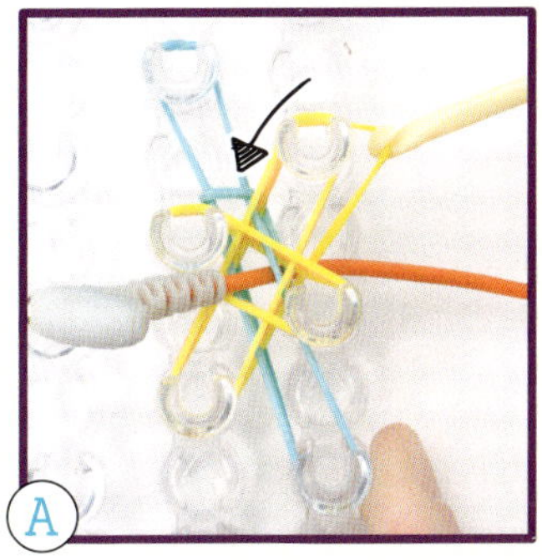

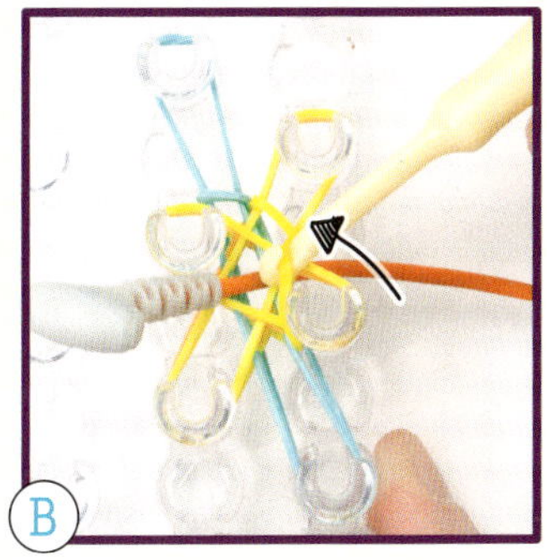

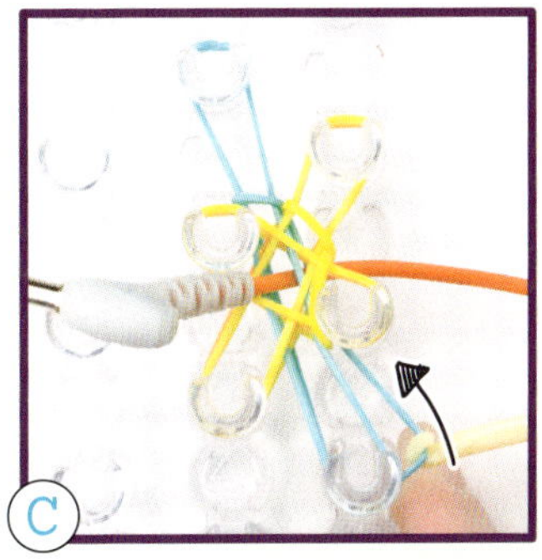

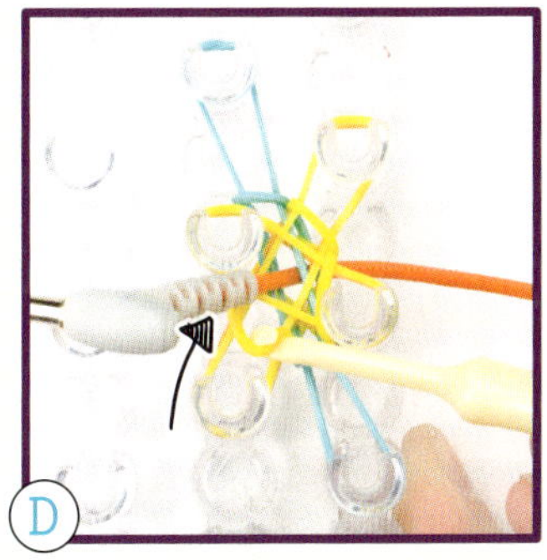

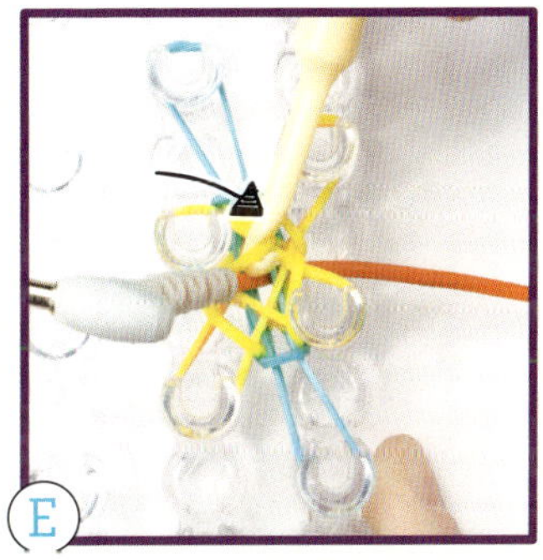

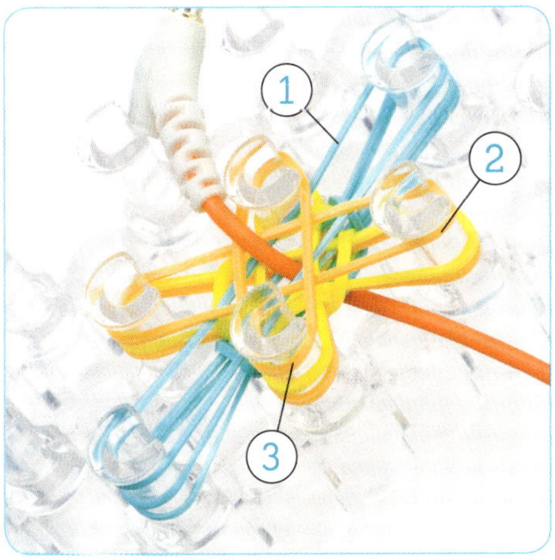

6 Schiebe alle Gummis auf den Stiften nach unten und spanne eine neue Schicht Gummis auf die sechs Stifte, wie in Schritt 1 beschrieben. Wichtig: Ziehe jedes einzelne Gummi über den Stecker deines Kopfhörer-Kabels. Er muss immer in der Mitte bleiben.

7 Nun hebst du wieder die unterste Schicht Gummis von den Stiften ab und lässt die Schlaufen in die Mitte fallen, wie in Schritt 4 und 5 beschrieben. Pass auf, dass sich die Gummis nicht übereinanderschieben und du dir auch wirklich das richtige greifst.

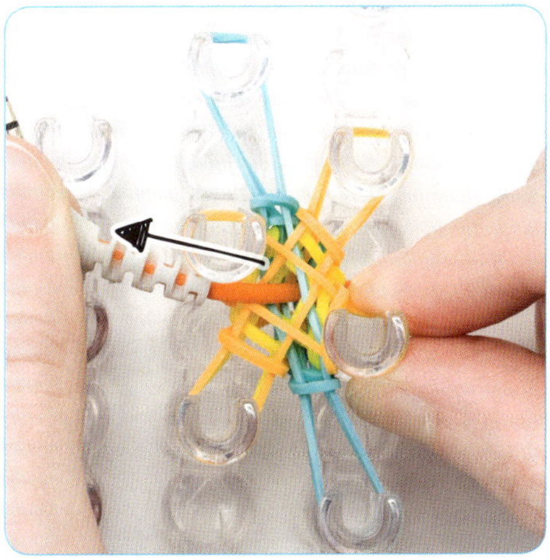

8 Wieder alle Gummis an den Stiften nach unten schieben und das Kabel mit dem Stecker ein Stück weiter durchziehen, damit es sich nicht in den Gummis verheddert. Das kannst du zwischendrin immer wieder einmal machen.

9 Auf die gleiche Weise spannst und verknüpfst du weitere acht Schichten. **Wichtig: Die Gummis immer erst über den Stecker ziehen und dann auf dem Loom einhängen.** Wenn der Bereich unter den Stiften etwas zu voll wird, zieh am Kabel, sodass der bereits geknüpfte Teil des Schiebers seitlich vom Loom heraushängt.

10 Jetzt hast du insgesamt 12 Schichten Gummis gespannt, aber nur 10 Schichten verknüpft. Zwei Schichten hängen noch auf dem Loom (Schicht 11 und 12).

11 Um den Schieber fertigzustellen, hebst du jetzt die Gummis der unteren Schicht (Schicht 11) reihum ab und lässt sie wie bisher von den Stiften gleiten. Aber jetzt spannst du keine neuen Rubberbands mehr auf, sodass nur noch ein Gummi auf jedem Stift hängt (Schicht 12).

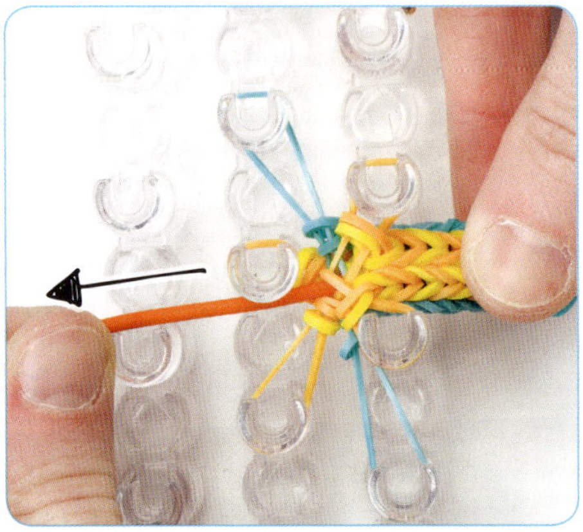

12 Halte nun den Schieber mit der einen Hand fest, und ziehe mit der anderen Hand das Kabel ganz durch bis über die Stelle, an der es sich zu den Ohrstöpseln hin verzweigt. Es ist wichtig, das zu machen, solange die Gummis noch auf dem Loom hängen!

13 Jetzt bist du fast fertig! Hebe nun das Gummi vom Stift oben links (siehe Diagramm Seite 22) mit der Häkelnadel ab …

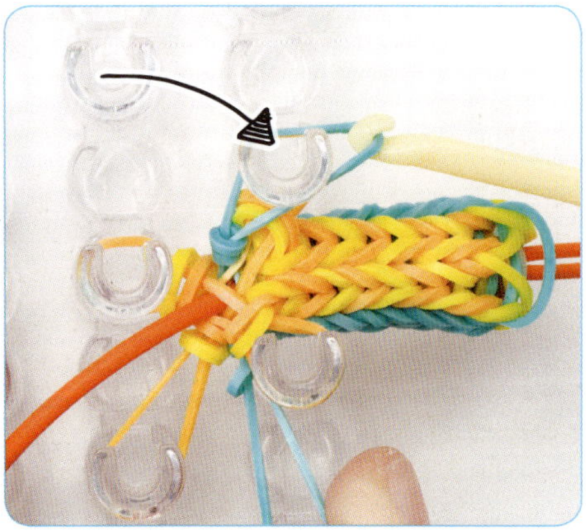

14 … und hänge es behutsam im Uhrzeigersinn auf dem nächsten Stift ein. In diesem Fall ist es der Stift oben rechts. Vielleicht gelingt dir das besser, wenn du neben der Häkelnadel auch die Finger zu Hilfe nimmst.

15 Greife dir jetzt das untere der beiden Gummis auf diesem Stift, hebe es vom Stift ab und lasse es nach innen gleiten.

16 Das verbleibende Gummi (das du in Schritt 14 umgehängt hast) hängst du jetzt im Uhrzeigersinn einen Stift weiter (also auf den mittleren Stift in der rechten Loom-Reihe), siehe Schritt 14.

17 An diesem Stift greifst du dir jetzt das untere Gummi, hebst es ab und lässt es nach innen gleiten, wie in Schritt 15 beschrieben.

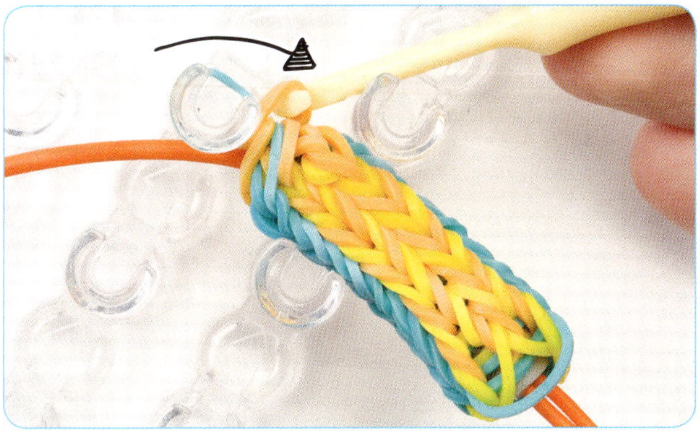

18 Genauso verfährst du nun mit allen weiteren Gummis, bis nur noch eine Schlaufe auf dem mittleren Stift der linken Loom-Reihe hängt.

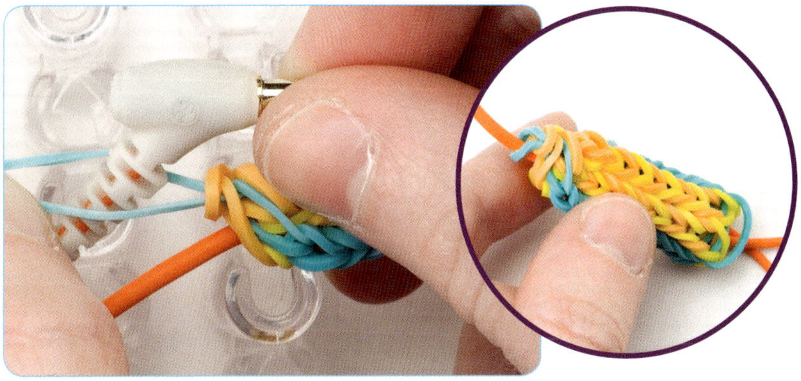

19 Dieses allerletzte Gummi hebst du nun ab, ziehst es über den Kopfhörer-Stecker und schiebst das Kabel soweit hindurch, dass es unten an deinem Schieber zum Liegen kommt. Geschafft! Jetzt kannst du den Schieber vom Loom nehmen.

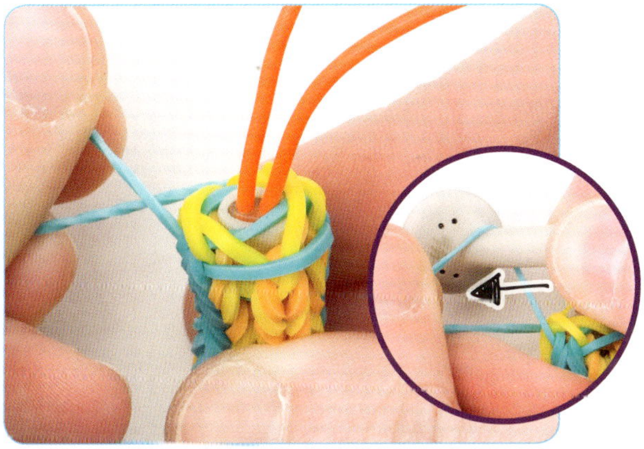

20 Nun musst du nur noch die beiden losen Schlaufen am anderen Ende so befestigen, dass sie straff anliegen. Dazu fasst du zuerst die äußere Schlaufe (die am lockersten ist) mit den Fingern und verdrehst sie zu einer Acht. Durch die obere Schlaufe dieser Acht schiebst du von innen nach außen einen der beiden Ohrstöpsel hindurch.

21 Zieh auch das Kabel ganz durch. Jetzt liegt die Schlaufe oben am Schieber an und umschließt fest das Ohrstöpsel-Kabel.

22 Wiederhole Schritt 20 und 21 mit der anderen losen Schlaufe und fädele den zweiten Ohrstöpsel durch die obere Schlaufe der Acht.

Ideen für Farbmuster

Ⓐ **Längsstreifen:** Längsstreifen bekommst du, wenn du drei Farben verwendest und für die in den einzelnen Schichten übereinanderliegenden Gummis immer dieselbe Farbe wählst.

Ⓑ **Mix:** Für diese Kombination aus Streifen und unifarbenem seitlichem Rand (wie wir sie in der Schritt-für-Schritt-Anleitung gezeigt haben) wählst du das erste Gummi in jeder Schicht immer in derselben Farbe. Für Gummi 2 und 3 kommen zwei weitere Farben hinzu, die du immer abwechselnd spannst.

Ⓒ **Blockstreifen:** Blockstreifen erhältst du, wenn du je vier Schichten in einer Farbe knüpfst und dann die Farbe wechselst.

Handschmuck

Dieses auffällige Projekt ist inspiriert von indischem Handschmuck und dem Armband »Knüpfspaß« aus dem Buch »Rubberband-Schmuck« (Keine Sorge: Du brauchst das Buch nicht, wir zeigen dir gleich, wie es geht!) Wenn dir dieses Projekt gefällt, kannst du dir deine Accessoires aus vielen anderen Mustern fertigen. Viel Spaß beim Experimentieren!

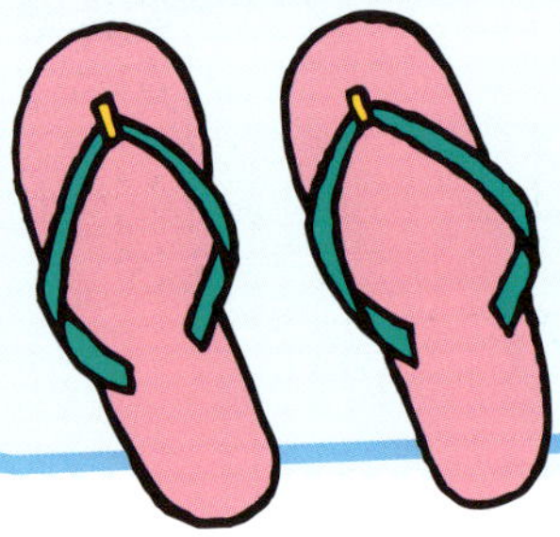

Traum in Türkis-Gelb

Das brauchst du:

114
Gummis, türkis (10 für den Ring, 32 für den Handrücken, 72 für das Armband)

15
Gummis, gelb (für die Querstreifen)

8
Clips

Handschmuck für Ritter

24 x türkis, 11 x gelb

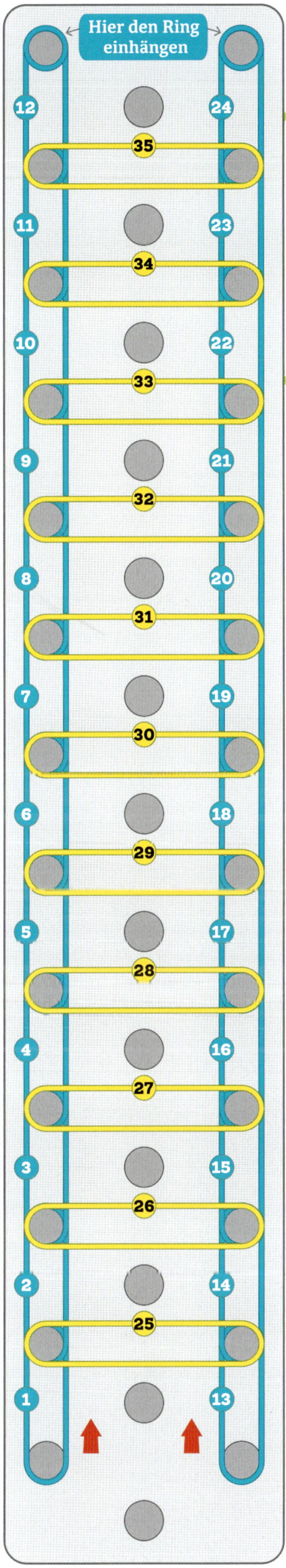

Von dieser Seite beginnen

So spannst du die Gummis

Bespanne deinen Loom, wie im Diagramm gezeigt: Zuerst kommen die Gummis auf die Stifte der beiden äußeren Längsreihen von unten nach oben (Gummis 1 bis 24). Dann hängst du die Querstreifen ein (Gummis 25 bis 35), wobei du das oberste und das unterste Stiftpaar frei lässt. Auf den beiden letzten Stiften hängst du den fertigen Ring ein, den du nach der Anleitung in Schritt 1 und 2 geknüpft hast.

So wird verknüpft

1 Knüpfe mit der Häkelnadel eine Kette im Basic-Muster aus 10 Rubberbands (siehe Seite 10). Wichtig: Das erste Gummi legst du, wie gezeigt, um die Häkelnadel und verbindest die beiden Enden mit einem Clip.

2 Wenn die 10 Glieder fertig sind, verbindest du die obersten beiden Schlaufen ebenfalls mit einem Clip und legst das Bändchen zur Seite. Es bildet den Ring deines Schmuckstücks. Falls du es noch nicht gemacht hast, spanne jetzt die Gummis auf den Loom, wie im Diagramm gezeigt.

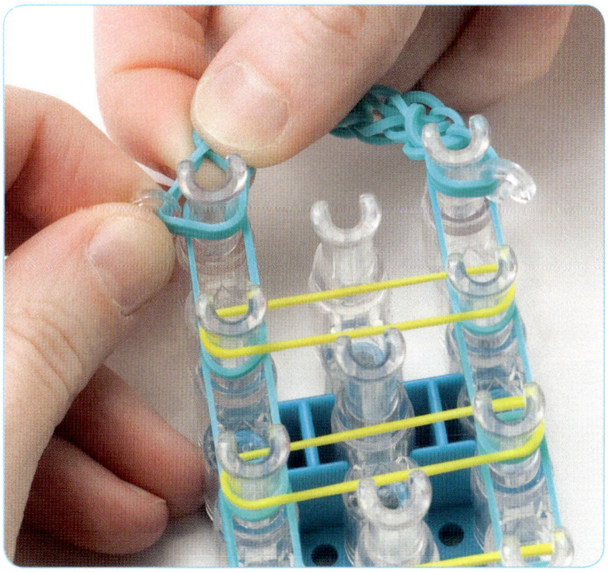

3 Hänge in die beiden äußeren Stifte der obersten Loom-Reihe je ein Ende des Basic-Kettchens (= Ring) ein, das du eben geknüpft hast (siehe Schritt 1 bis 2). Wichtig: Immer beide Schlaufen über die Stifte ziehen! Dann erst die Clips entfernen.

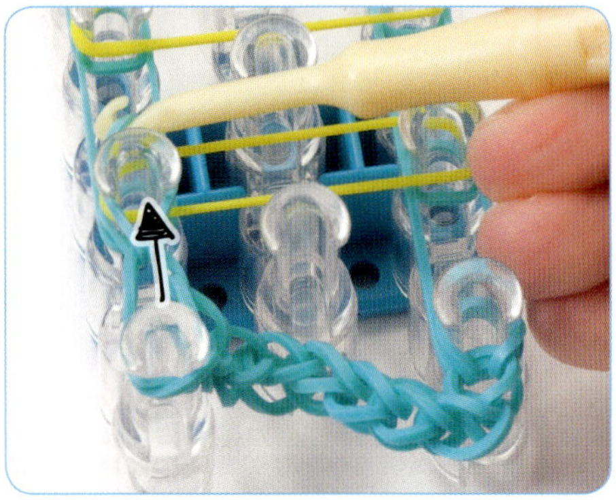

4 Drehe den Loom um, sodass der Pfeil nach unten zeigt. Greife dir das untere Gummi vom untersten Stift der linken Reihe mit der Häkelnadel und hänge es auf den unmittelbar darüber liegenden Stift.

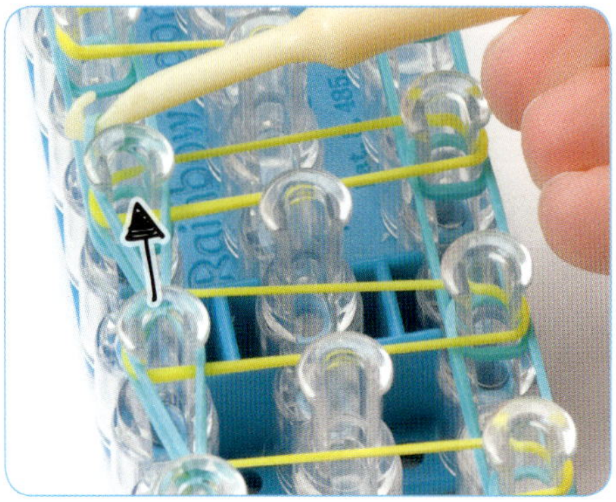

5 Auf diese Weise hängst du alle untenliegenden Gummis auf allen Stiften der linken Reihe eins höher. Achte darauf, die Nadel jeweils in die Rille des Stifts einzustechen und dabei innerhalb der Gummis für die Streifen zu bleiben.

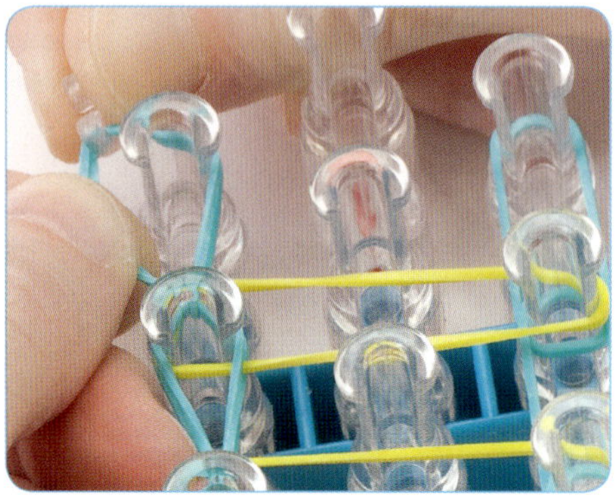

6 Wenn du beim letzten Stift angekommen bist, sicherst du die beiden Schlaufen mit einem Clip.

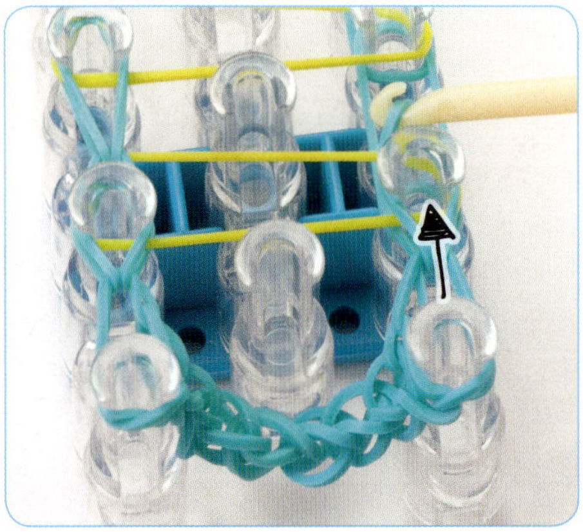

7 Jetzt ist die rechte Reihe dran: Greife das untere Gummi des untersten Stifts und hänge es eins höher auf den darüberliegenden Stift. Vergiss nicht, die Nadel in die Rille des Stifts einzustechen und das Gummi von innen her zu greifen.

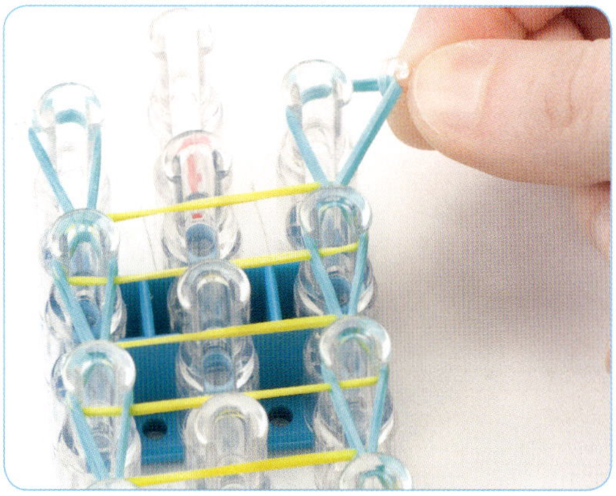

8 Verfahre jetzt mit allen unteren Gummis auf allen Stiften der rechten Seite in derselben Weise. Achte darauf, die Nadel jeweils in die Rille des Stifts einzustechen und dabei innerhalb der Gummis für die Streifen zu bleiben, wie in Schritt 5 beschrieben.

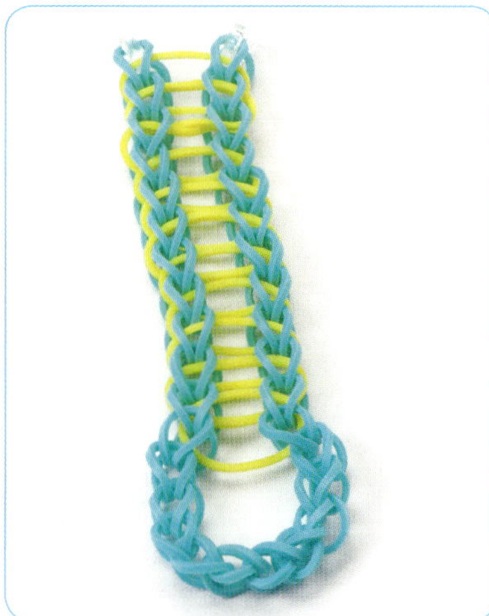

9 Jetzt kannst du das Teil vom Loom lösen. An zwei Enden weist es Clips auf, an denen du weiterknüpfen kannst.

HINWEIS: Ist deine Hand eher klein, reicht dir die jetzige Länge vielleicht schon aus. Am besten, du trägst es kurz Probe: Streife dir den Ring so über den Mittelfinger, dass das Band auf dem Handrücken liegt. Geht dir die Länge bequem bis zum Handgelenk? Wenn ja, überspringe die nächsten Schritte und mach mit Schritt 18 weiter! Ist es dir zu kurz, zeigen wir in Schritt 10 bis 17, wie du vier weitere Streifen hinzufügen kannst. Solltest du einen zweiten Loom haben, kannst du die beiden in Längsrichtung kombinieren und dein Projekt gleich um vier Streifen länger planen. In diesem Fall kannst du ebenfalls die Schritte 10 bis 17 überspringen.

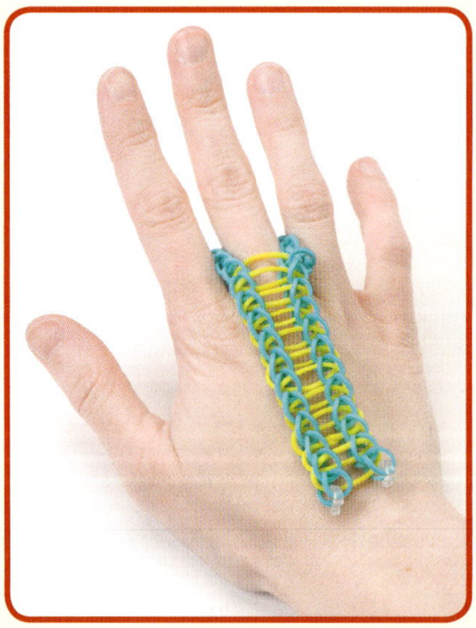

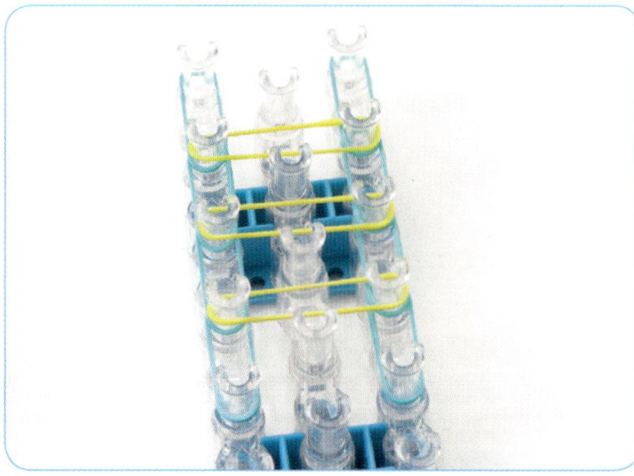

10 Bespanne deinen Loom noch einmal genauso wie eben, aber diesmal hängst du an beiden äußeren Reihen nur je vier Gummis hintereinander in die Stifte ein, und du spannst nur drei Querstreifen dazwischen. Bespanne das obere Ende des Looms (Pfeil zeigt nach oben). Ober- und unterhalb der Gummis bleibt auch diesmal sowohl rechts, als auch links wieder ein Stift frei.

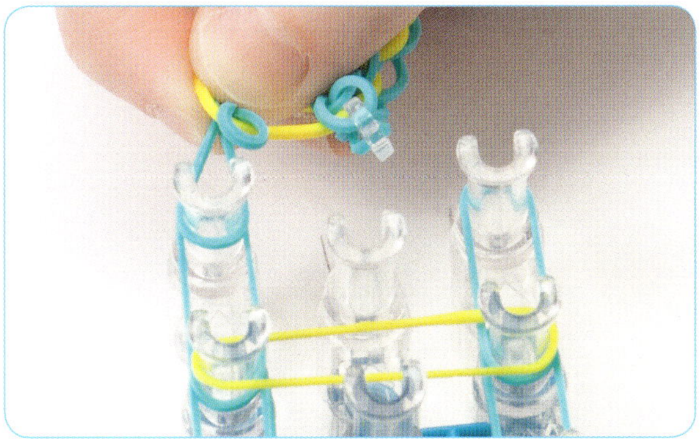

11 Entferne beim bereits geknüpften Band vorsichtig den Clip. Das Gummi, wie gezeigt, am Knick in der Mitte mit Daumen und Zeigefinger festhalten, damit es dir nicht wegrutscht. Die untere Schlaufe ziehst du über den letzten Stift der linken Reihe. Das Gummi noch nicht loslassen!

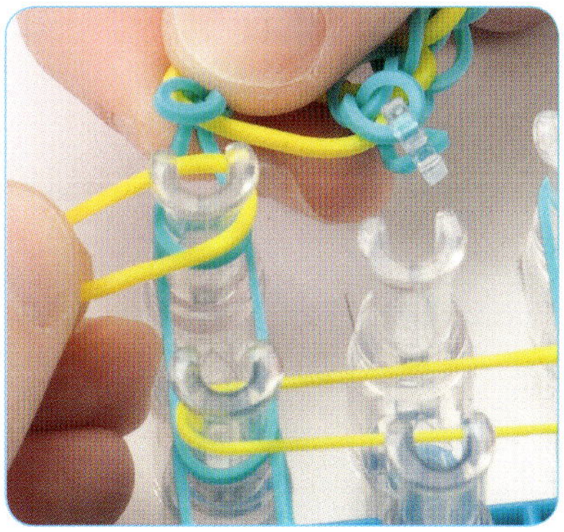

12 Jetzt legst du das Gummi für den Streifen locker über diesen Stift.

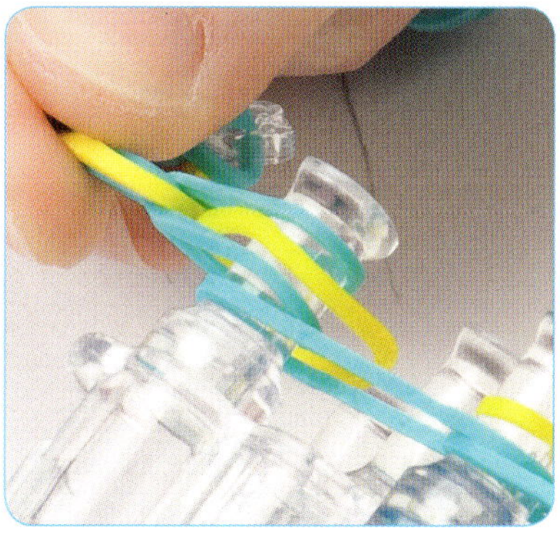

13 Dann hängst du die zweite Schlaufe des Gummis ein, die du noch in der Hand hältst. Das Ganze sollte jetzt so aussehen, wie auf dem Foto gezeigt.

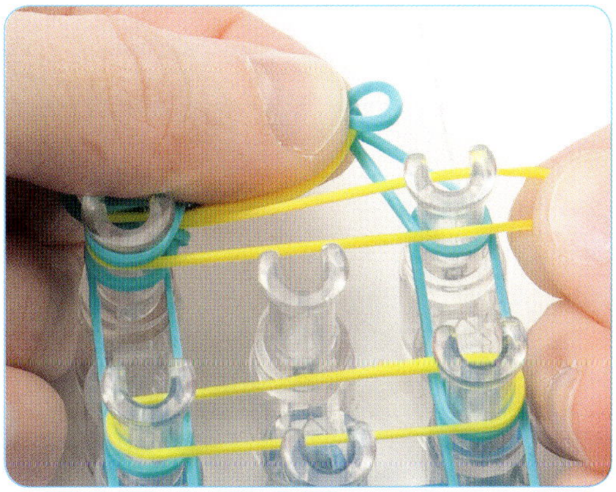

14 Das Gleiche wiederholst du auf der rechten Seite: Die Schlaufen am Knick zusammendrücken, den Clip entfernen, die untere Schlaufe über den letzten Stift der rechten Reihe spannen, das lose hängende Gummi für den Querstreifen (siehe Schritt 12) einhängen und zuletzt die obere Schlaufe vom Finger auf den Stift gleiten lassen.

15 Wenn du beide Seiten fertig hast, sollte dein Loom so aussehen.

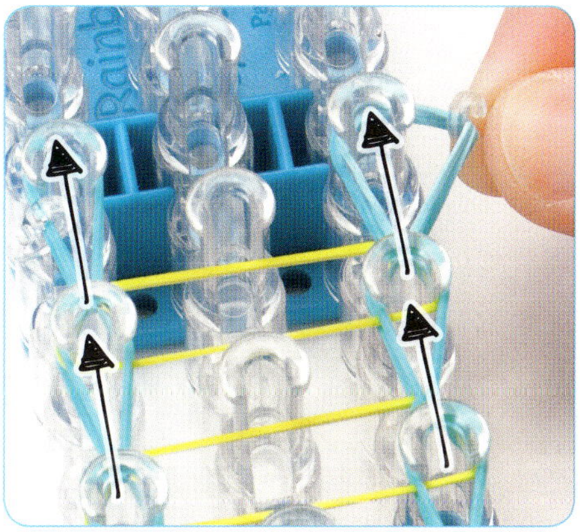

16 Jetzt drehst du den Loom um, sodass der Pfeil nach unten zeigt. Dann knüpfst du die beiden seitlichen Reihen so, wie eben beschrieben. Wenn du oben am Loom angekommen bist, sicherst du jeweils die letzten beiden Schlaufen mit einem Clip. Achte immer darauf, die Häkelnadel in der Rille durch alle Schlaufen auf dem Stift hindurchzustechen und die zu verknüpfenden Gummis von innen her zu greifen.

17 Nimm dein Teil wieder vom Loom. Man sieht überhaupt nicht, wo du es verlängert hast, stimmt's?

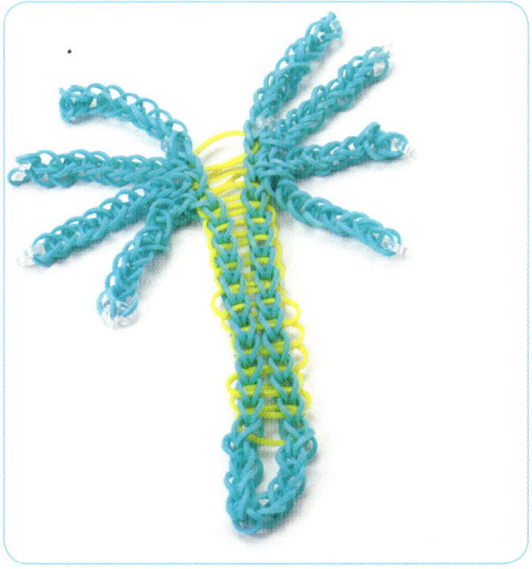

18 Jetzt knüpfst du mit der Häkelnadel noch vier Ketten im Basic-Muster fürs Handgelenk. Setze sie bei den Schlaufen mit den Clips an und bei den drei Gliedern darunter. Die Gummis für die Querstreifen nicht mit einknüpfen.

19 Jetzt brauchst du nur noch die Kettchen-Hälften jeweils mit einem Clip zu verbinden, und schon ist dein Schmuckstück fertig. Worauf wartest du noch? Probier es an!

»Loopy-Loop«-Armband oder -Haargummi

Dieses lässige Accessoire kannst du als Armband oder Haargummi tragen! Es besteht aus zwei Längsreihen, die mit quer gespannten, aber nicht mit eingeknüpften Gummis verbunden sind. Das Muster funktioniert im Prinzip genauso wie beim Handschmuck auf Seite 26.

Lila und Schwarz · Türkis · Rosa · Kunterbunt

Das brauchst du:

- **39** Gummis, schwarz (Längsreihen)
- **104** Gummis, lila (Loops)
- **1** Gummi, schwarz (Abschlussgummi)
- **1** Clip

In diesem Diagramm wird der Rainbow Loom gezeigt. Du hast einen anderen Loom? Kein Problem. Der funktioniert genauso gut. Halte dich einfach genau an das Diagramm und die Schritt-für-Schritt-Anleitung. Es könnten höchstens ein paar Stifte frei bleiben.

Von dieser Seite beginnen

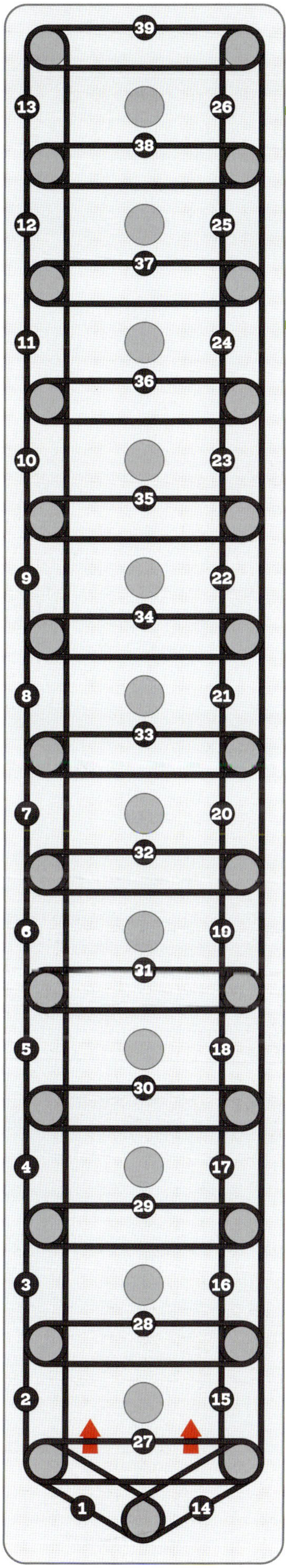

So spannst du die Gummis

Fange unten am Loom an und bespanne zuerst die Stifte der linken und rechten Reihe (Gummis 1 bis 26). Dann hängst du quer die waagerechten Gummis ein (Gummis 27 bis 39). Die Rubberbands für die »Loops« kommen während des Knüpfens auf den Loom.

So wird verknüpft

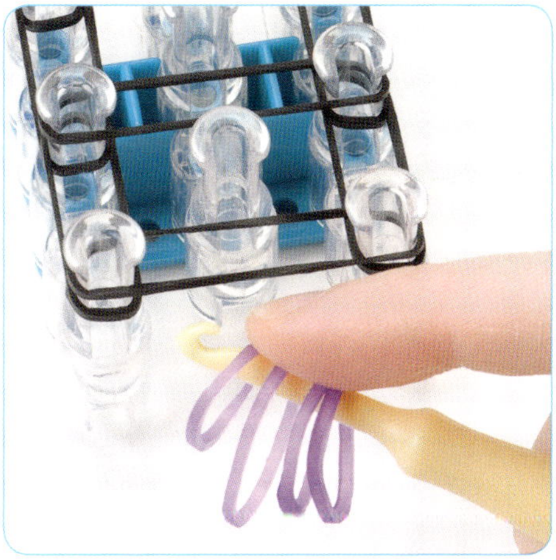

1 Dreh deinen Loom, sodass der Pfeil nach unten zeigt. Nimm vier Gummis lose auf den Haken deiner Häkelnadel (das werden die »Loops«).

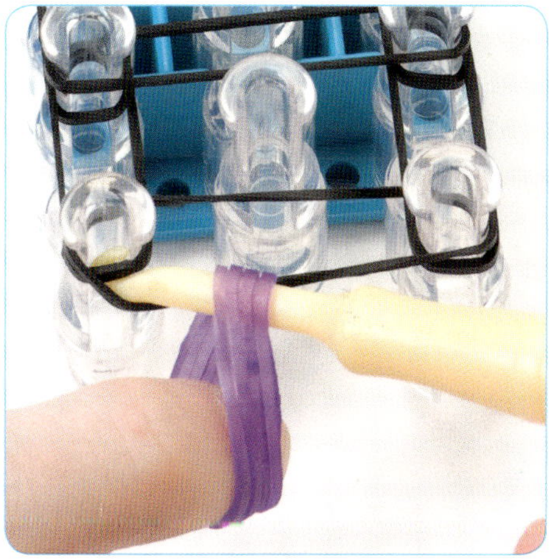

2 Halte die »Loops« mit dem Finger fest, während du mit der Nadel in den untersten Stift der linken Reihe einstichst, um dir das untere Gummi zu greifen.

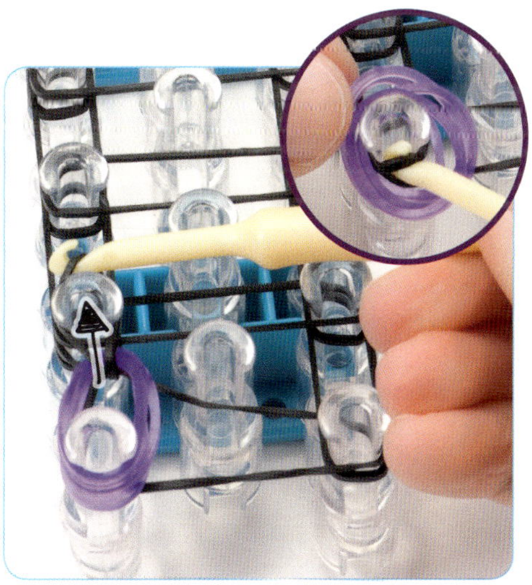

3 Lass alle vier »Loops« von der Nadel auf den Stift rutschen und hänge dann die Schlaufe, die du auf der Häkelnadel hast, einen Stift höher ein. Auf diese Weise ziehst du sie durch alle vier »Loops«.

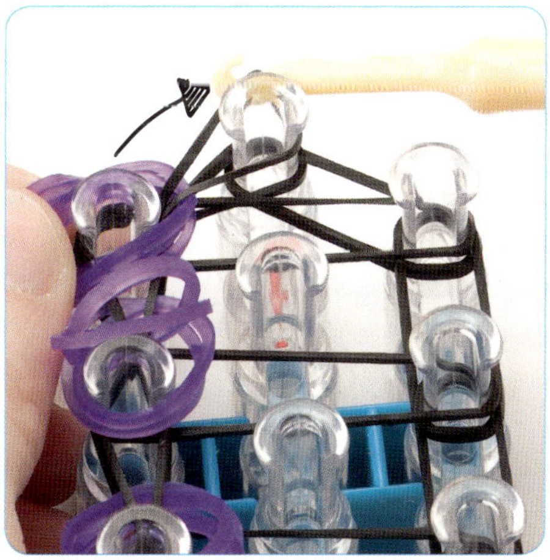

4 Auf die gleiche Weise verknüpfst du nun alle Gummis auf beiden äußeren Reihen. Auch ganz am Ende, beim Einhängen der Gummis rechts und links in den obersten mittigen Stift. Zieh das Abschlussgummi durch die letzten Schlaufen, mach einen Schlussknoten und verbinde die Bandenden mit einem Clip.

Roboter

Ist das nicht die coolste Rubberband-Figur, die du je gesehen hast? Witzige Details wie der grüne Herz-Button, die Antenne, die beweglichen Gelenkarme sorgen garantiert für Spaß. Diesen kleinen Kumpel wirst du schon bald nicht mehr missen wollen.

Das brauchst du:

- **173** Gummis, grau (24 für die Arme, 32 für die Beine, 117 für den Körper)
- **32** Gummis, schwarz (10 für die Arme, 10 für die Beine, 12 für den Körper)
- **8** Gummis, gelb (5 für den Gürtel, 3 für die Antenne)
- **2** Gummis, grün (für das Herz)
- **5** Gummis, rot (für Mund und Augen)
- **8** Clips

Ein paar Worte vorweg

Für den Roboter musst du zuerst die Arme und die Beine knüpfen.

So spannst du die Gummis – Arme

Spanne zuerst die Gummis für einen Arm auf den Loom, wie im Diagramm rechts gezeigt. Wo zwei Nummern stehen, hängst du jeweils zwei Gummis auf dem Stift ein (Gummis 1 bis 16). Das letzte Gummi wird **dreimal** um den obersten Stift der linken Reihe gewickelt (schau dir dazu noch einmal die Anleitung für den Pinguin auf Seite 17 an). Für einen Arm brauchst du nicht sehr viele Stifte. Du kannst die Gummis für den zweiten Arm also auch gleich mit auf den Loom spannen. (Das Diagramm ist das gleiche, es werden nur andere Stifte benutzt.)

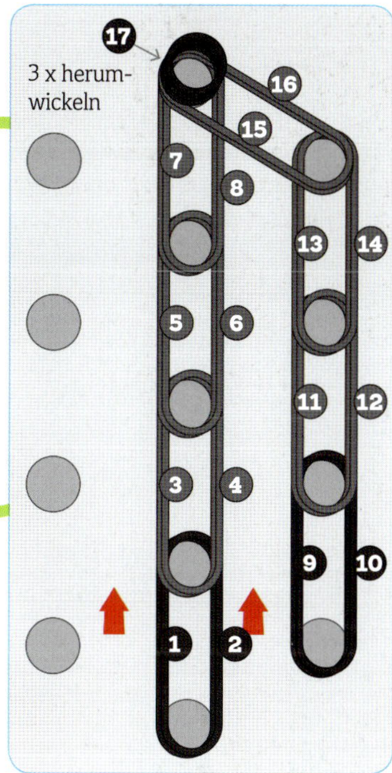

Von dieser Seite beginnen

So wird verknüpft – Arme

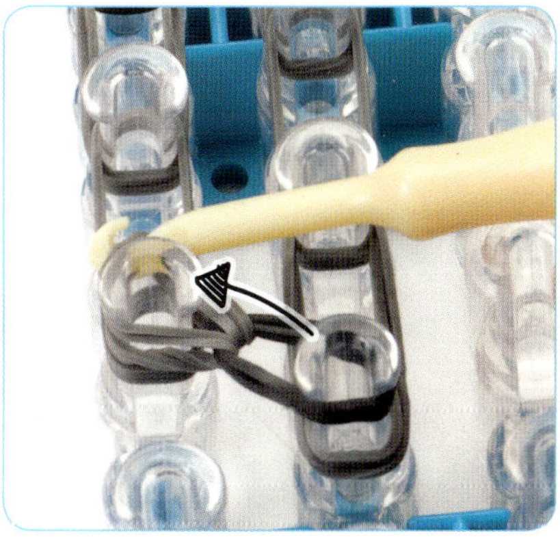

1 Dreh den Loom um. Stich mit der Häkelnadel am untersten Stift der rechten Reihe durch das dreifach gewickelte Rubberband hindurch, greif dir die oberen beiden grauen Schlaufen und hänge sie diagonal nach links oben.

2 Jetzt nimm auf jedem Stift in der ganzen linken Reihe jeweils die beiden unteren Schlaufen und hänge sie einen Stift höher. Die letzten beiden Schlaufen sicherst du mit einem Clip. Im Knüpf-Diagramm siehst du die Reihenfolge.

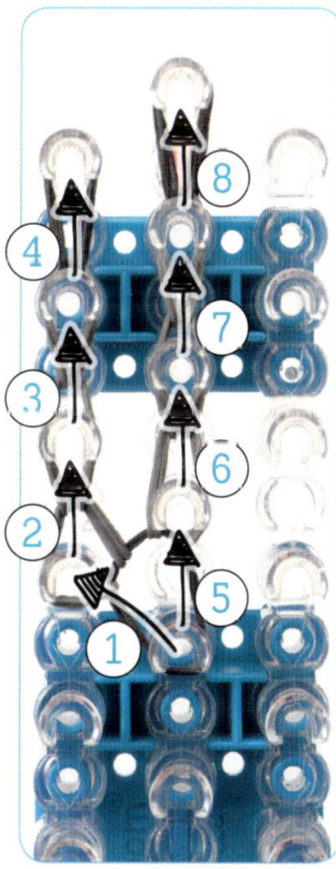

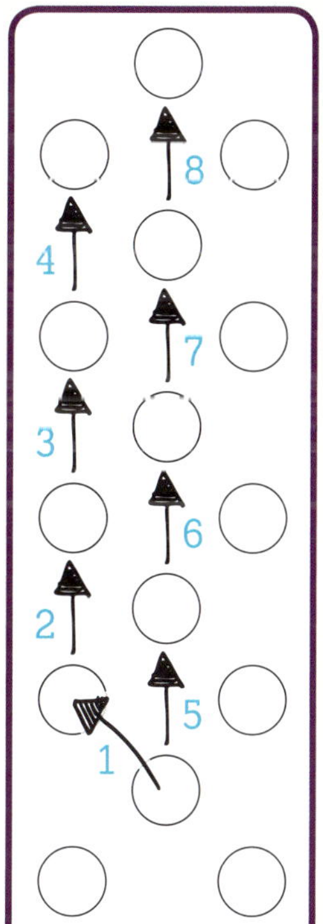

Knüpf-Diagramm

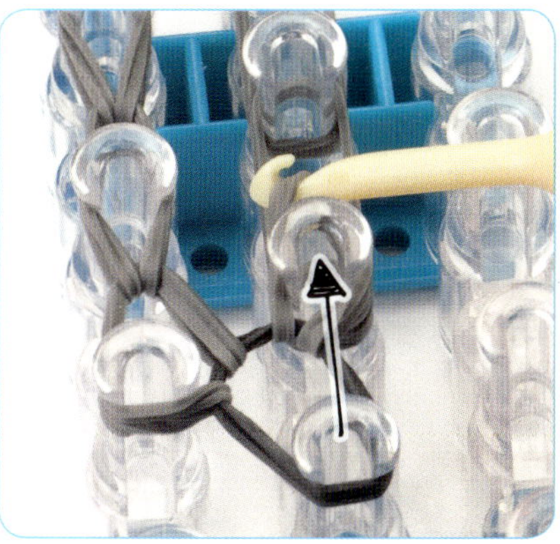

3 Jetzt ist die rechte Reihe dran. Stich mit der Häkelnadel in die Rille des untersten Stifts durch das dreifach gewickelte Rubberband hindurch, greif dir die unteren beiden grauen Schlaufen (die vom nächsthöheren Stift kommen) und hänge sie auf eben diesen nächsthöheren Stift.

4 Jetzt nimm an jedem Stift der rechten Reihe jeweils die beiden unteren Schlaufen und hänge sie einen Stift höher. Die letzten beiden Schlaufen sicherst du mit einem Clip. Das Knüpf-Diagramm zeigt dir die Reihenfolge. Damit ist der erste Arm fertig. Löse ihn vom Loom und knüpfe auf die gleiche Weise auch den zweiten.

So spannst du die Gummis – Beine

Als Nächstes spannst du die Gummis für das erste Bein auf den Loom, wie im Diagramm rechts gezeigt. Wo zwei Nummern stehen, hängst du jeweils zwei Gummis auf dem Stift ein (Gummis 1 bis 16). Die beiden obersten Gummis werden dreimal um den Stift gewickelt (siehe Seite 17). Dann wickelst du die Gummis 19 bis 21 je zweimal um den gezeigten Stift. Die Gummis für das zweite Bein kannst du gleich mit aufspannen. (Das Diagramm ist das gleiche, nur eben an anderen Stiften.)

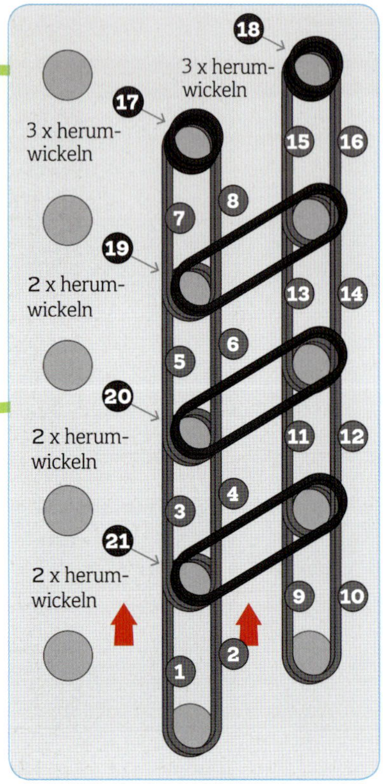

Von dieser Seite beginnen

So wird verknüpft – Beine

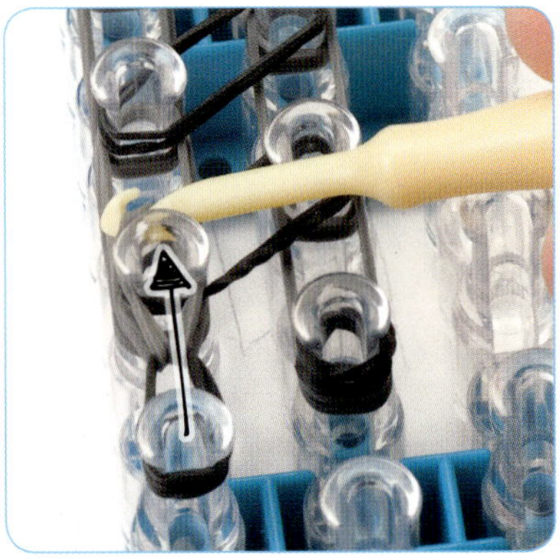

1 Dreh den Loom um. Stich mit der Häkelnadel in die Rille des untersten Stifts der linken Reihe durch das dreifach gewickelte schwarze Gummi hindurch und greif dir die beiden unteren Schlaufen (die gerade nach oben weisen) und hänge sie auf dem Stift ein, von dem sie herkommen.

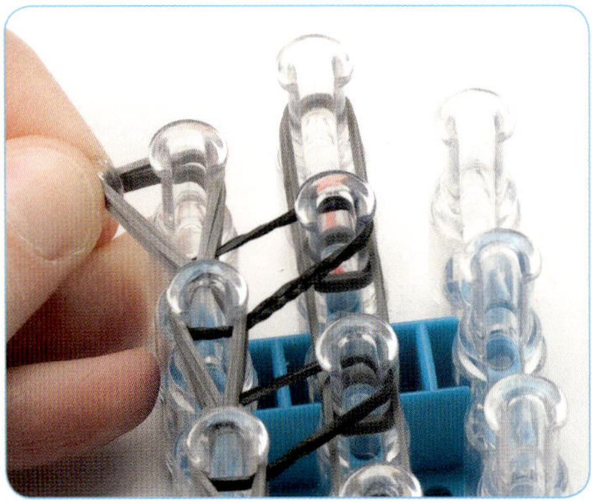

2 Verknüpfe alle Gummis der linken Reihe: Nimm immer die unteren beiden Schlaufen und setze sie jeweils einen Stift höher. Vergiss nicht, mit der Nadel immer in die Rille des Stifts zu stechen und innerhalb der quer gespannten schwarzen Gummis zu bleiben. Sichere dann die letzten Schlaufen mit einem Clip (siehe Knüpf-Diagramm).

3 Stich mit der Häkelnadel in die Rille des untersten Stifts der rechten Reihe durch das dreifach gewickelte schwarze Rubberband hindurch, greife dir die unteren beiden Gummis (die vom Stift eins höher kommen) und hänge sie auf eben diesen Stift eins höher ein.

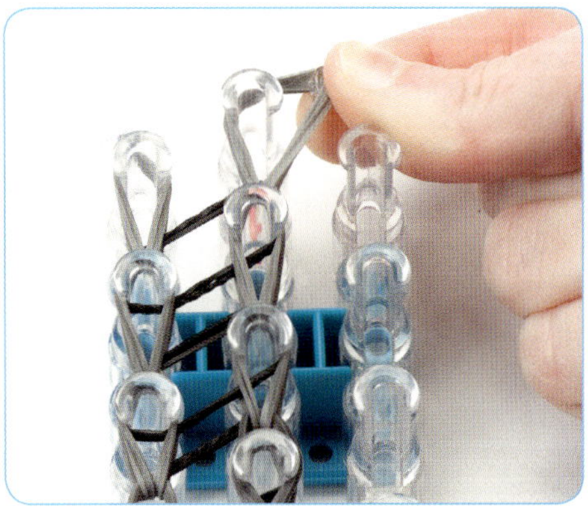

4 Verknüpfe alle Gummis der rechten Reihe: Greife dir die unteren beiden Schlaufen und setze sie jeweils einen Stift höher. Bleibe mit der Nadel innerhalb der quer gespannten schwarzen Gummis. Wenn du alle Gummis der Reihe verknüpft hast, sichere die letzten Schlaufen mit einem Clip (siehe Knüpf-Diagramm). Jetzt kannst du das Bein vom Loom nehmen und das zweite knüpfen.

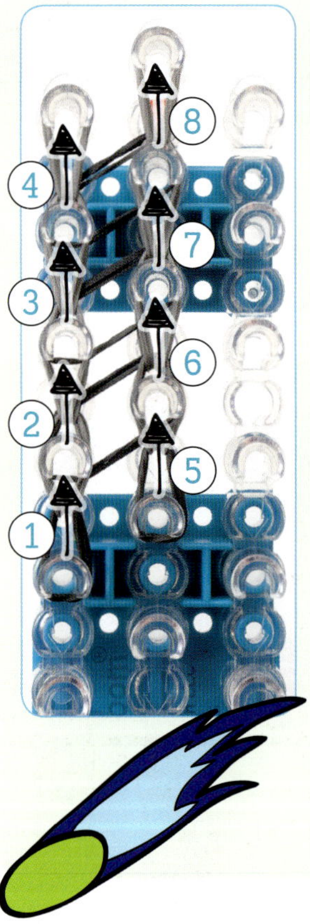

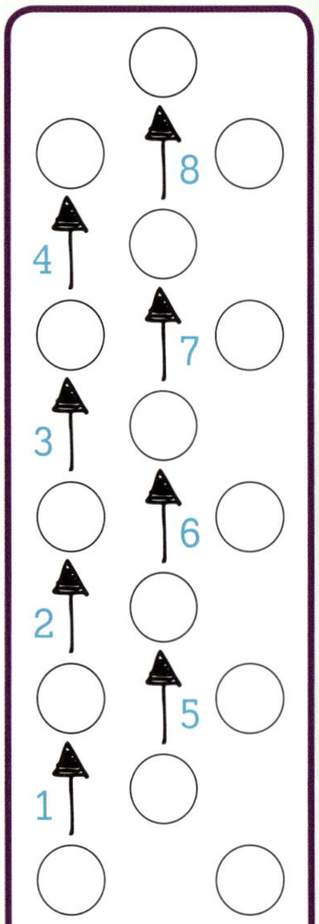

Knüpf-Diagramm

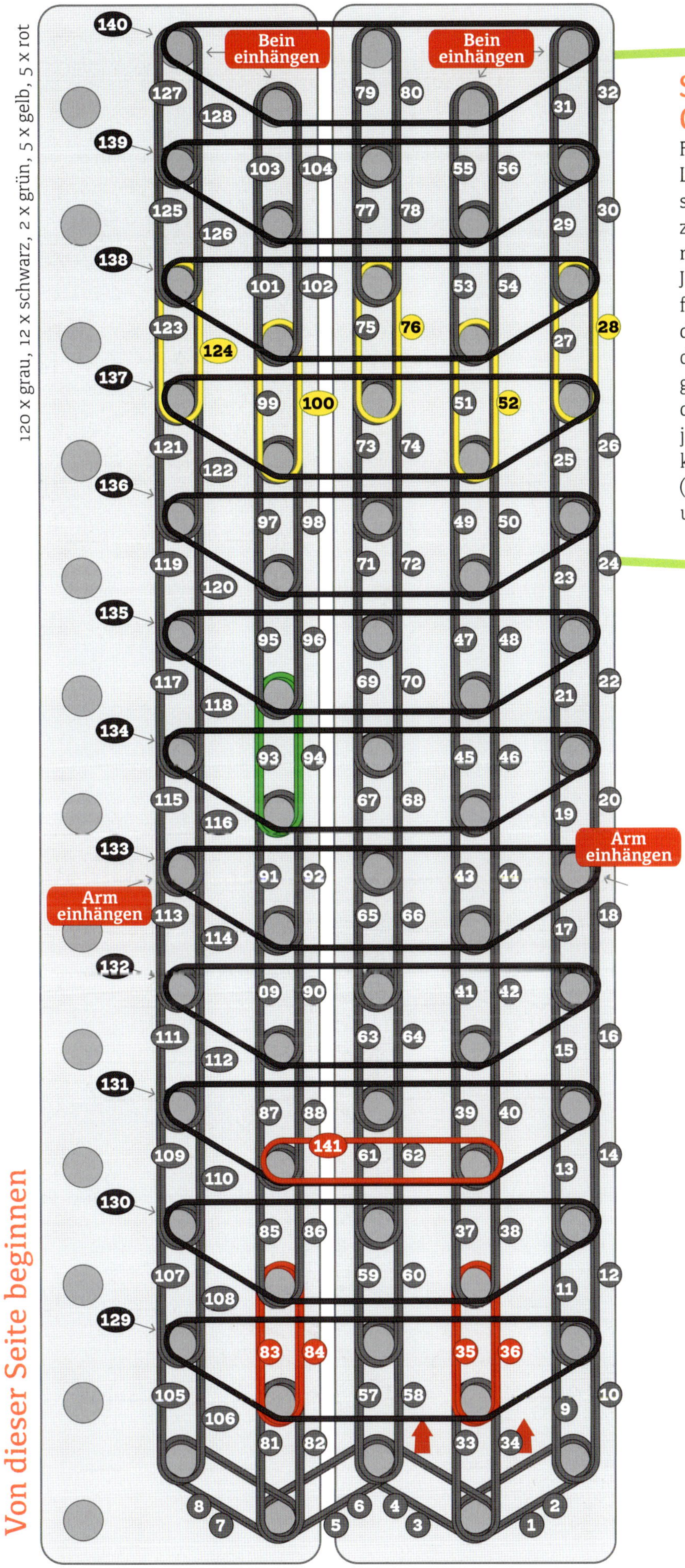

So spannst du die Gummis – Körper

Für den Körper brauchst du zwei Looms. Wie du sie kombinierst, siehst du auf Seite 11. Spanne zunächst je zwei Gummis am unteren Rand des Looms (Gummis 1 bis 8). Jetzt unten rechts beginnend je zwei Gummis für den Körper spannen (Gummis 9 bis 128). Achte darauf, das Farbschema genau einzuhalten. (Für den gelben Gürtel spannst du je ein graues und ein gelbes Gummi über die Stifte.) Als Nächstes spannst du von unten am Loom beginnend 12 Gummis über je fünf Stifte (Gummis 129 bis 140). Zum Schluss kommt das rote Gummi für die Mitte des Gesichts (Gummi 141). Dann brauchst du nur noch die Arme und Beine an den angegebenen Stiften einzuhängen.

Gummis 1 bis 8

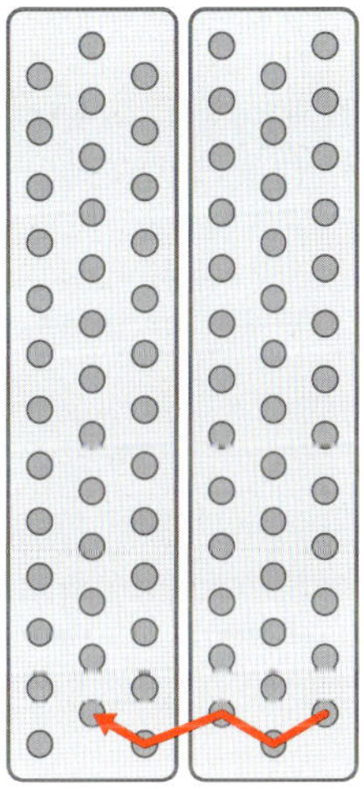

Gummis 9 bis 128

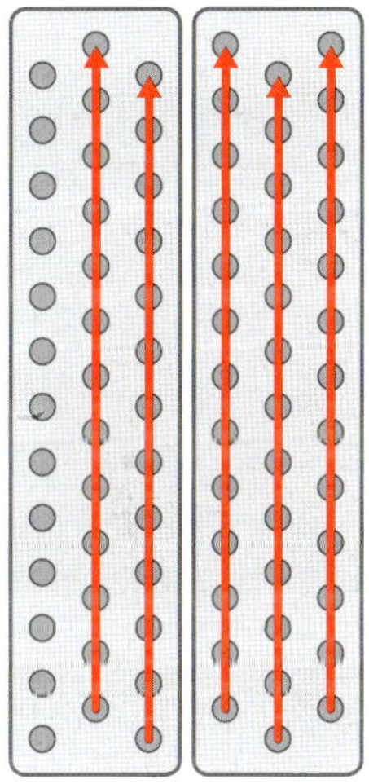

Gummis 129 bis 140

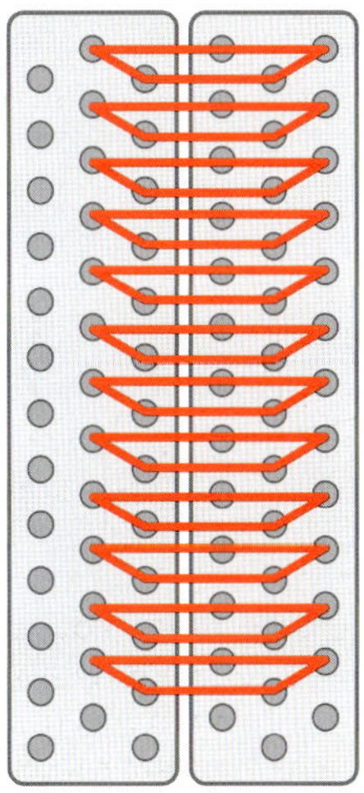

Gummi 141

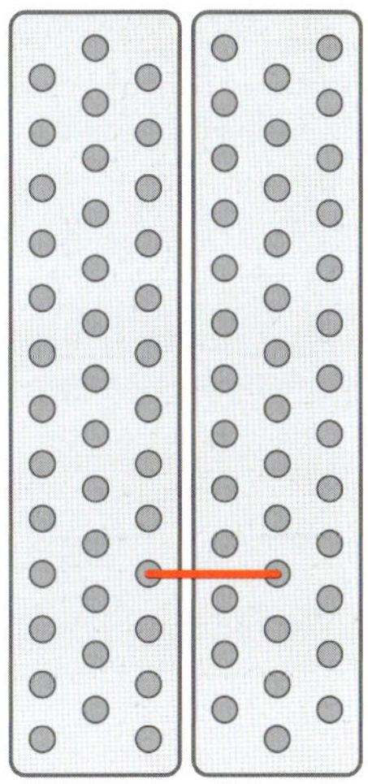

So wird verknüpft – Körper

1 Vergiss nicht, Arme und Beine einzuhängen, bevor du mit dem Knüpfen beginnst. Dreh den Loom um, sodass die Pfeile nach unten zeigen. Stich mit der Häkelnadel in die Rille des untersten Stifts der rechten Reihe durch alle Bein-Gummis und das quer gespannte schwarze Gummi hindurch. Greife dir die beiden untersten Schlaufen.

2 Hebe die Gummis auf den eins höher liegenden Stift derselben Reihe.

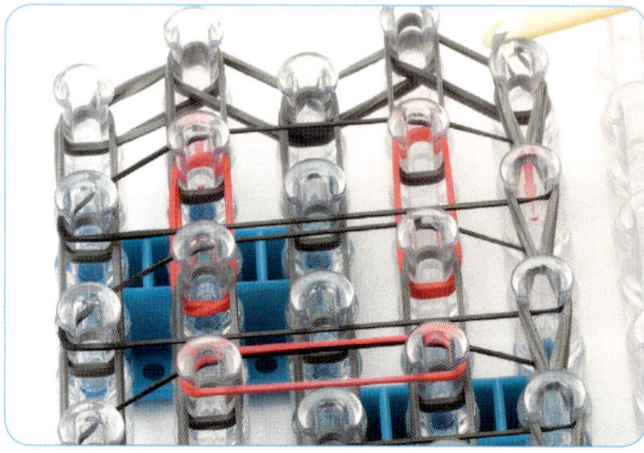

3 Nimm von allen Stiften in der gesamten rechten Reihe jeweils die beiden unteren Schlaufen und hänge sie einen Stift höher. Achte darauf, die Häkelnadel immer in die Rille des Stifts durch das quer gespannte schwarze Gummi hindurchzustechen. Besonders aufpassen musst du bei dem Stift, an dem der rechte Arm eingehängt ist. An dem sitzen besonders viele Schlaufen.

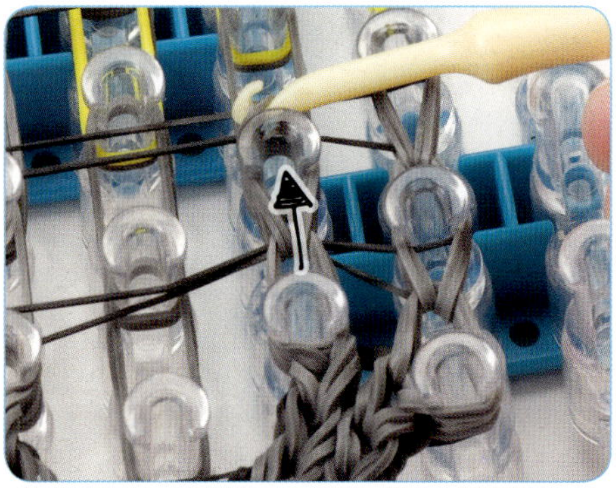

4 Stich jetzt mit der Nadel in die Rille des untersten Stifts der zweiten Reihe von rechts, durch alle Bein-Gummis und das quer gespannte schwarze Gummi hindurch. Greife dir die beiden unteren Schlaufen und hebe sie auf den Stift senkrecht darüber.

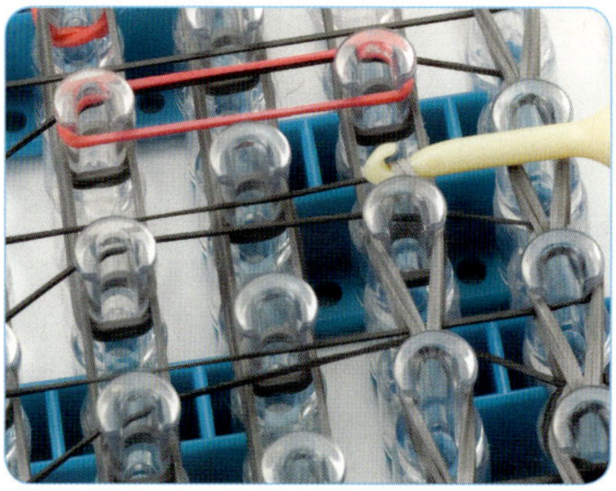

5 Auf die gleiche Weise hängst du alle Gummis der zweiten Reihe von rechts jeweils einen Stift höher, aber nur bis zu dem quer gespannten roten Gummi für den Mund.

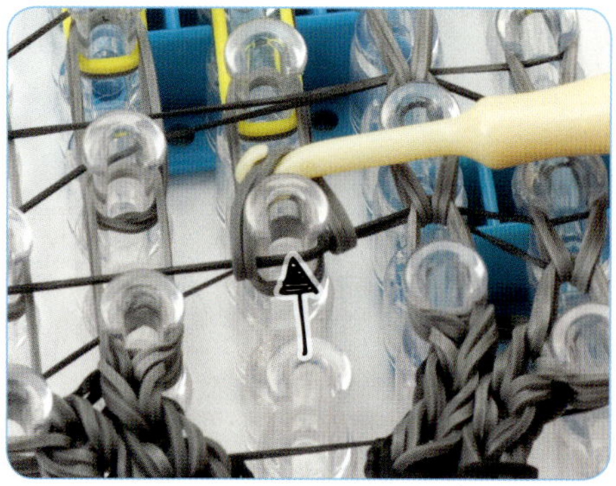

6 Stich nun mit der Nadel in die Rille des untersten Stifts der mittleren Reihe durch das quer gespannte schwarze Gummi hindurch und greif die beiden unteren Schlaufen. Hänge sie auf den Stift eins höher. Vorsicht: Die losen schwarzen Gummis rutschen leicht weg.

7 Auf die gleiche Weise hängst du alle Gummis der mittleren Reihe jeweils einen Stift höher, auch hier nur **bis zu dem roten Gummi für den Mund, damit es später nicht von den grauen Gliedern verdeckt wird**. Achte darauf, die Häkelnadel immer in die Rille des Stifts durch das quer gespannte schwarze Gummi hindurchzustechen.

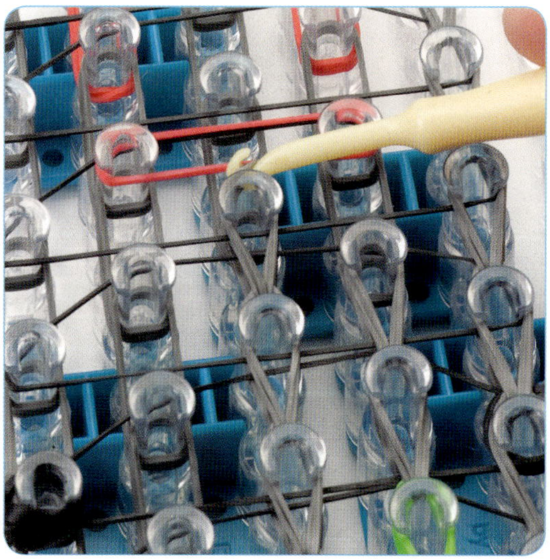

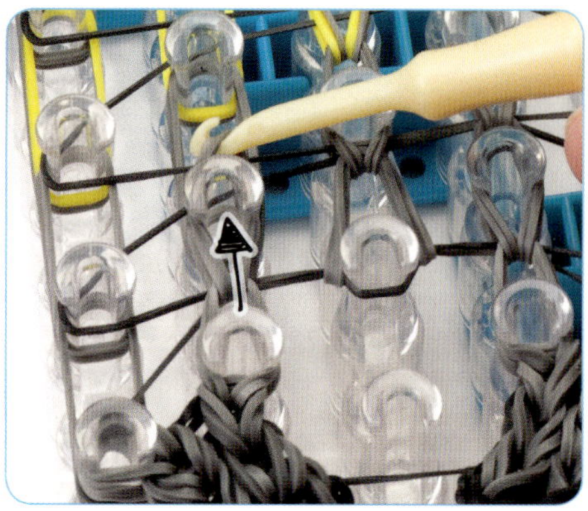

8 Stich jetzt mit der Nadel in die Rille des untersten Stifts der zweiten Reihe von links durch alle Bein-Gummis und das quer gespannte schwarze Gummi hindurch. Greife die beiden unteren Gummis und hänge sie eins höher.

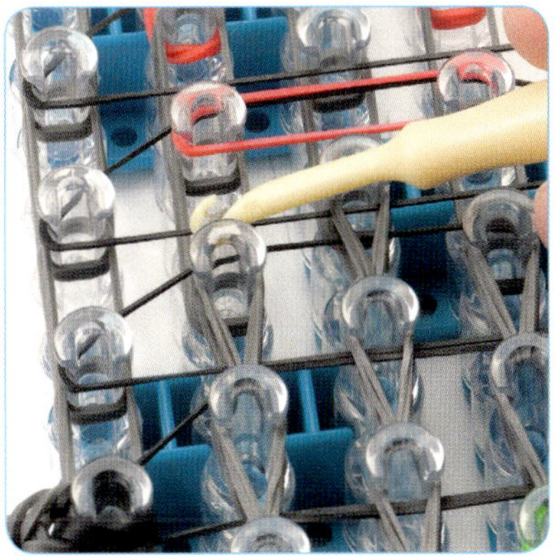

9 Auf die gleiche Weise hängst du alle Gummis der zweiten Reihe von links jeweils einen Stift höher, **auch hier nur bis zu der Stelle, an der das rote Gummi für den Mund gespannt ist**.

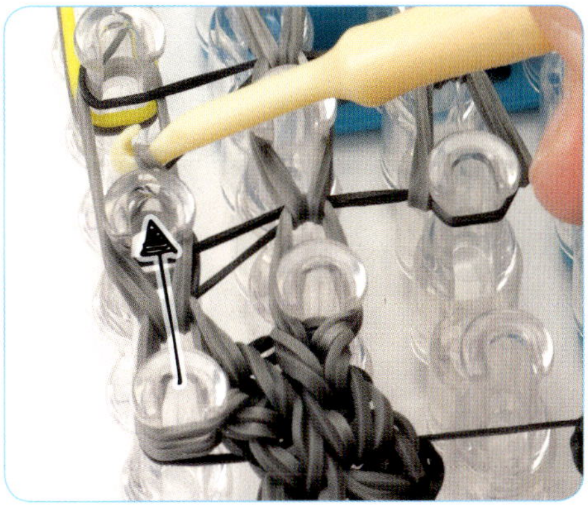

10 Stich die Nadel in die Rille des untersten Stifts in der Reihe ganz links durch alle Bein-Gummis und das quer gespannte schwarze Gummi hindurch. Auch hier greifst du dir die beiden unteren Schlaufen und hängst sie auf dem Stift eins höher ein.

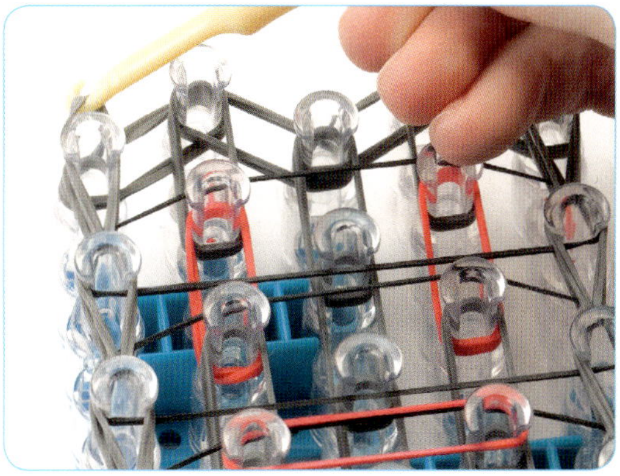

11 Auf die gleiche Weise hängst du alle Gummis der linken Reihe jeweils eins höher. Pass auf, dass du immer in die Rille des Stifts stichst und innerhalb des quer gespannten schwarzen Gummis bleibst, wenn du die Schlaufen greifst. Sei auch hier besonders achtsam bei dem Stift, an dem der Arm eingehängt ist (siehe Schritt 3).

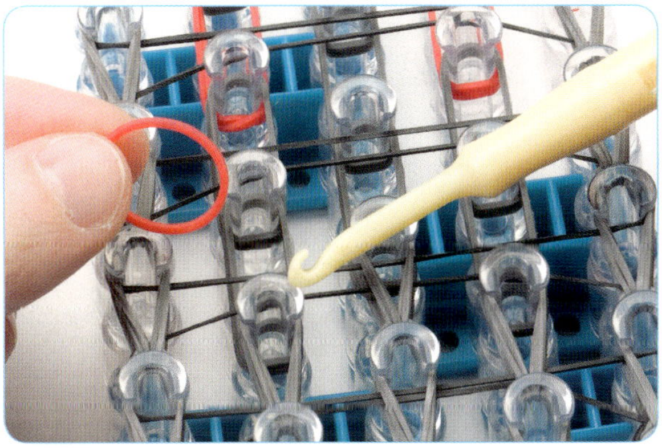

12 Jetzt kommt der Mund dran. Geh zu dem Stift in der zweiten Reihe von links, an dem du bei Schritt 9 aufgehört hast. Nimm das rote Gummi vom Loom und halte es zwischen den Fingern wie auf dem Foto gezeigt.

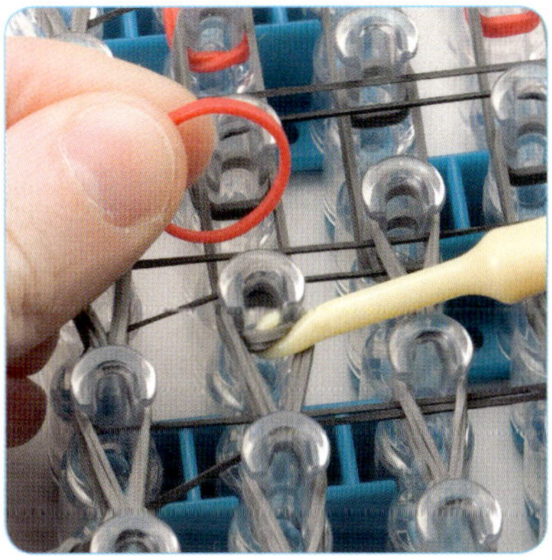

13 Greife dir jetzt mit der Häkelnadel an diesem Stift die beiden unteren Schlaufen. Das rote Gummi hältst du darüber.

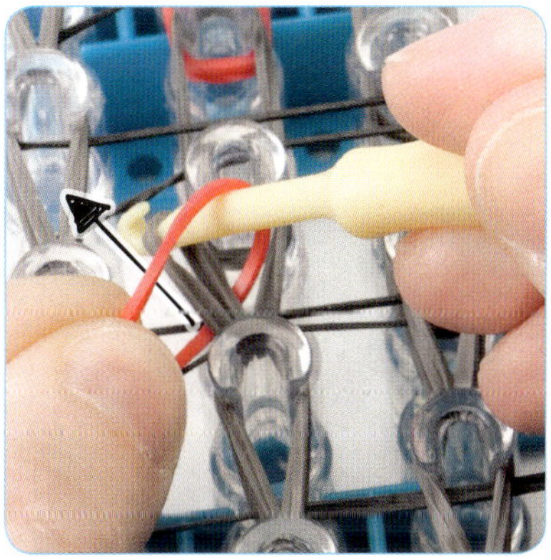

14 Hebe die Schlaufen vom Stift, ziehe sie durch das rote Gummi …

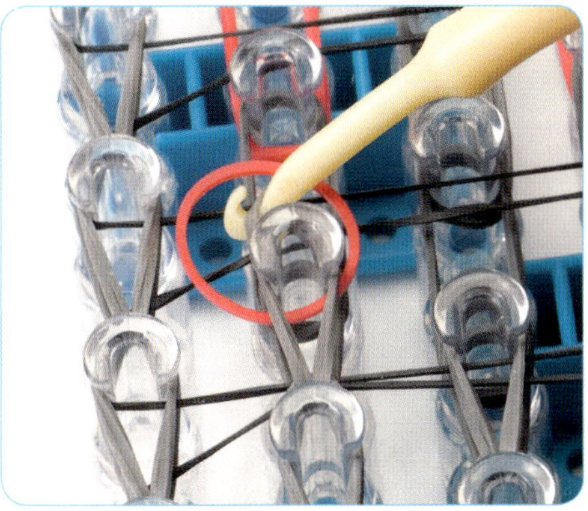

15 … und hänge sie auf dem Stift eins höher ein. Damit ist das rote Gummi schon auf dem Loom befestigt. Es wird von den Schlaufen gehalten.

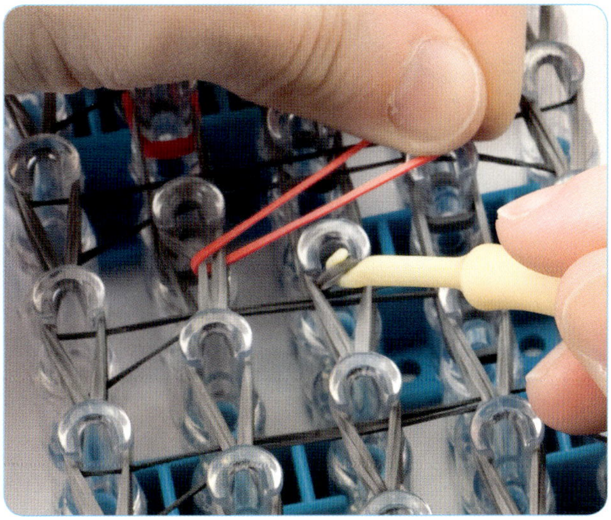

16 Das Gleiche machst du jetzt auch in der mittleren Reihe, mit dem Unterschied dass das rote Gummi jetzt bereits an der linken Seite eingehängt ist. Halte es über den Stift, während du die unteren beiden Schlaufen mit der Häkelnadel greifst.

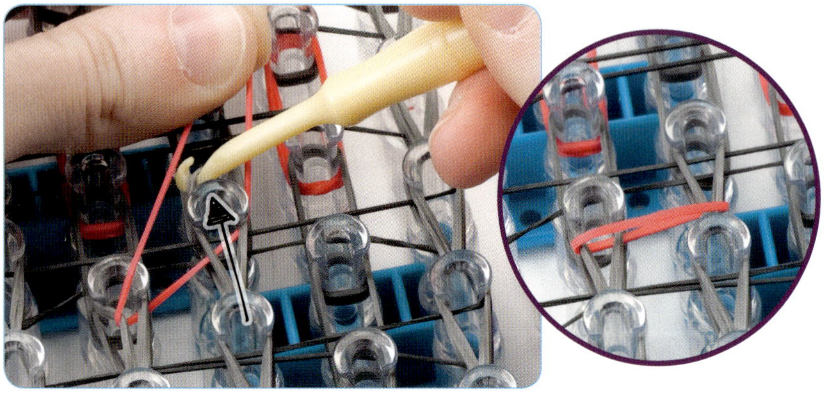

17 Jetzt schiebst du die Schlaufen mit der Häkelnadel durch das rote Gummi durch und hängst sie auf dem Stift eins höher ein.

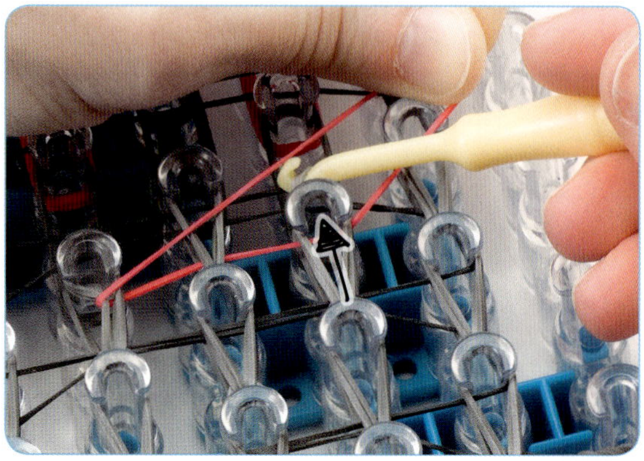

18 Genauso gehst du noch einmal in der zweiten Reihe von rechts vor. Dabei musst du das rote Gummi ziemlich weit nach rechts ziehen, und das macht die Sache etwas knifflig.

19 Nun kannst du alle drei Reihen oberhalb des Mundes fertigstellen: immer die unteren Schlaufen greifen und einen Stift höher hängen. Bis zum oberen Ende des Looms sind das je acht weitere Knüpf-Schritte. Vergiss nicht, mit der Nadel immer in die Rille des Stifts zu stechen, durch das quer gespannte schwarze Gummi hindurch. Und greife dir immer die beiden unteren Schlaufen und hänge sie eins höher.

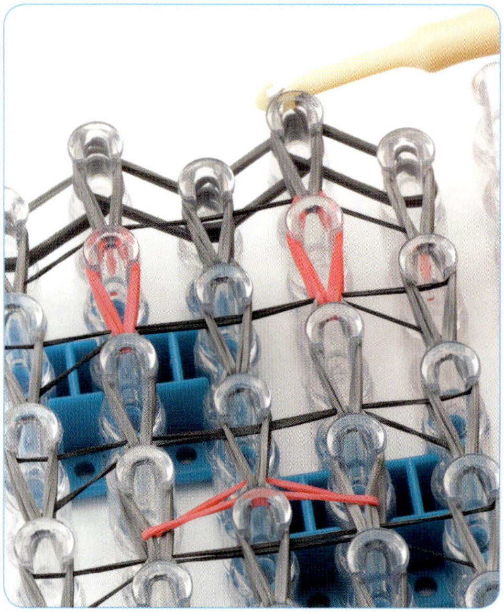

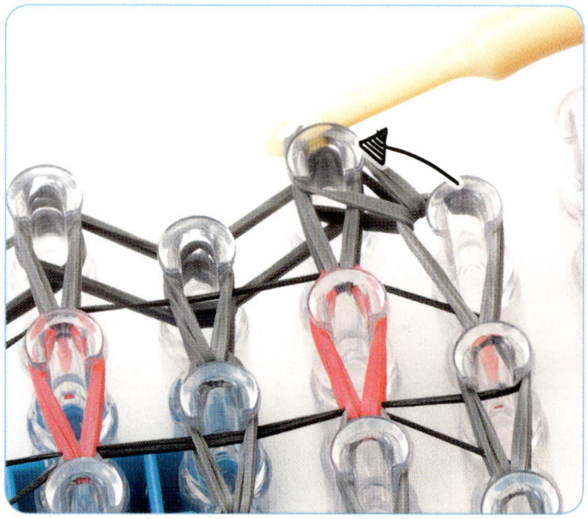

20 Jetzt kommst du zum oberen Abschluss. Nimm die beiden unteren Schlaufen vom obersten Stift der rechten Reihe ab und hänge sie auf dem Stift eins weiter links ein.

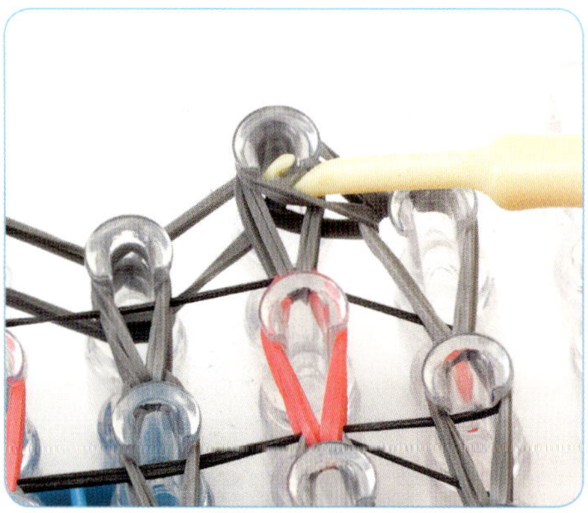

21 Stich mit der Häkelnadel in die Rille dieses Stifts, bei dem du gerade bist (= oberster Stift der zweiten Reihe von rechts), greife dir wieder die beiden unteren Schlaufen. Pass gut auf, dass du durch alle anderen Gummis hindurchstichst.

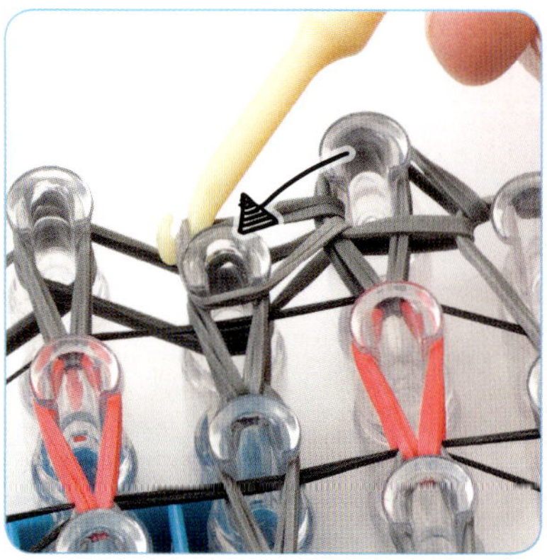

22 Hänge die Schlaufen, die du auf der Nadel hast, diagonal nach links unten. Pass auf, dass sie dir nicht von der Nadel rutschen. Das kann leicht passieren, wenn du die Gummis nach unten und nicht wie normalerweise nach oben einhängst.

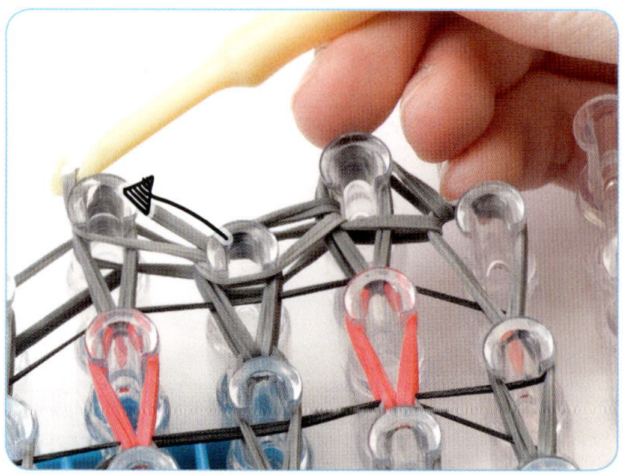

23 Stich mit der Nadel in die Rille des Stifts, an dem du gerade bist (= oberster Stift der mittleren Reihe), greife die beiden unteren Gummis. Achte darauf, durch alle Gummis auf dem Stift hindurchzustechen. Hänge die Schlaufen diagonal nach links oben.

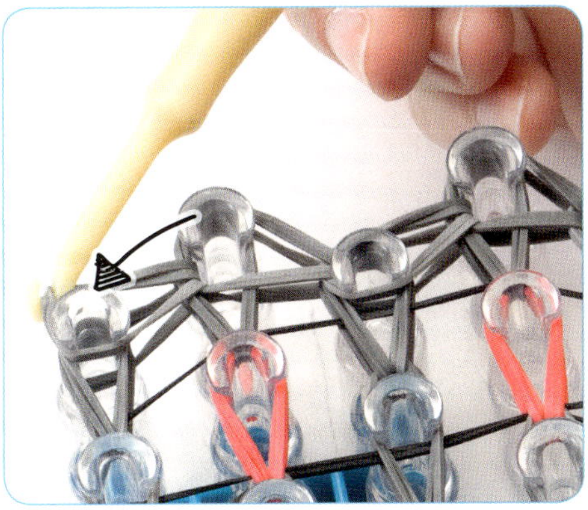

24 Und noch einmal: Stich mit der Nadel in die Rille des Stifts, an dem du gerade bist (= oberste Stift der zweiten Reihe von links), greife die beiden unteren Gummis. Achte darauf, durch alle Gummis auf dem Stift hindurchzustechen. Hänge die Schlaufen diagonal nach links unten …

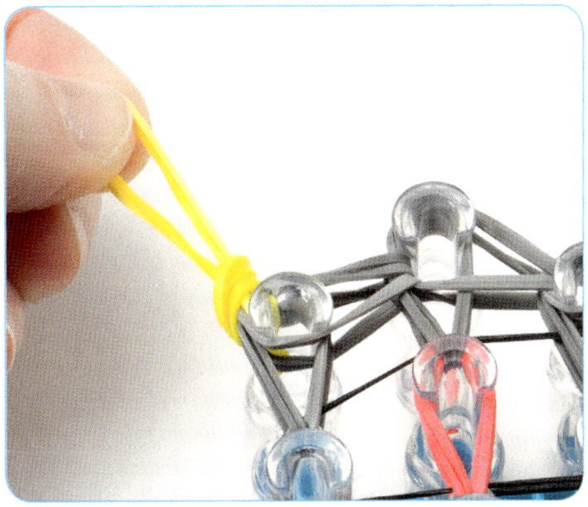

25 Nun fehlt nur noch der Schlussknoten: Dafür ziehst du in einem Rutsch drei gelbe Gummis durch die letzten Schlaufen am obersten Stift der linken Reihe. Damit hast du gleichzeitig die Antenne für deinen Roboter.

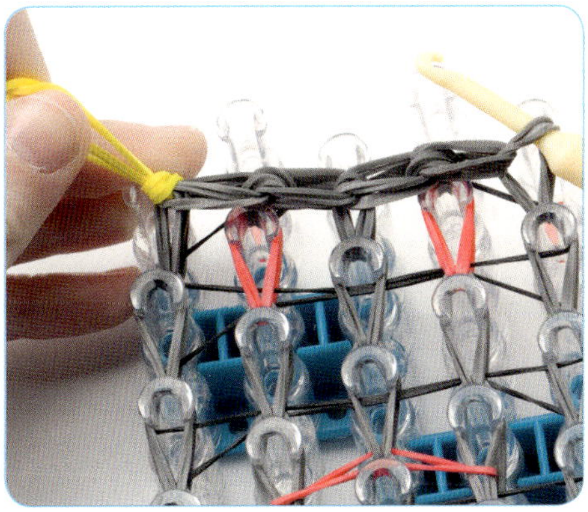

26 Jetzt kannst du deinen Roboter vorsichtig vom Loom lösen. Hebe die Gummis langsam, Stift für Stift ab. Beginne oben und nimm die Häkelnadel zu Hilfe.

27 Wenn du das Mund-Gummi so locker lässt, wie es ist, lächelt dein Roboter!

28 Soll er ernst gucken, zieh das Gummi einfach mit der Nadel nach hinten durch, sodass es vorne straff und gerade anliegt.

Die Arme deines Roboters sind an den Ellbogen voll beweglich. Die Schultern auch.
Das heißt: Dein Roboter kann winken, die Arme strecken oder die Hände in die Hüften stemmen.

Smartphone-Hülle

Wie wär's mit einer Smartphone-Hülle, die deinen individuellen Style präsentiert? Hier kommt dein persönliches Design fürs Smartphone. Die Hülle bietet gleichzeitig auch einen super Schutz, da sie eine raue Oberfläche hat, sodass dir das Gerät nicht so leicht aus der Hand rutschen kann. Das komplette Projekt wird in zwei Teilen geknüpft, die am Schluss zusammengehäkelt werden. Das ist etwas anspruchsvoller, aber das Ergebnis ist toll!

Das brauchst du:

- **144** Gummis, blau (72 pro Loom-Bespannung)
- **96** Gummis, weiß (für die Basis, 48 pro Loom-Bespannung)
- **46** Gummis, grün (zum Zusammenhäkeln)
- **1** Gummi, grün (Abschlussgummi)
- **13** Clips

72 x blau, transparent, 48 x weiß

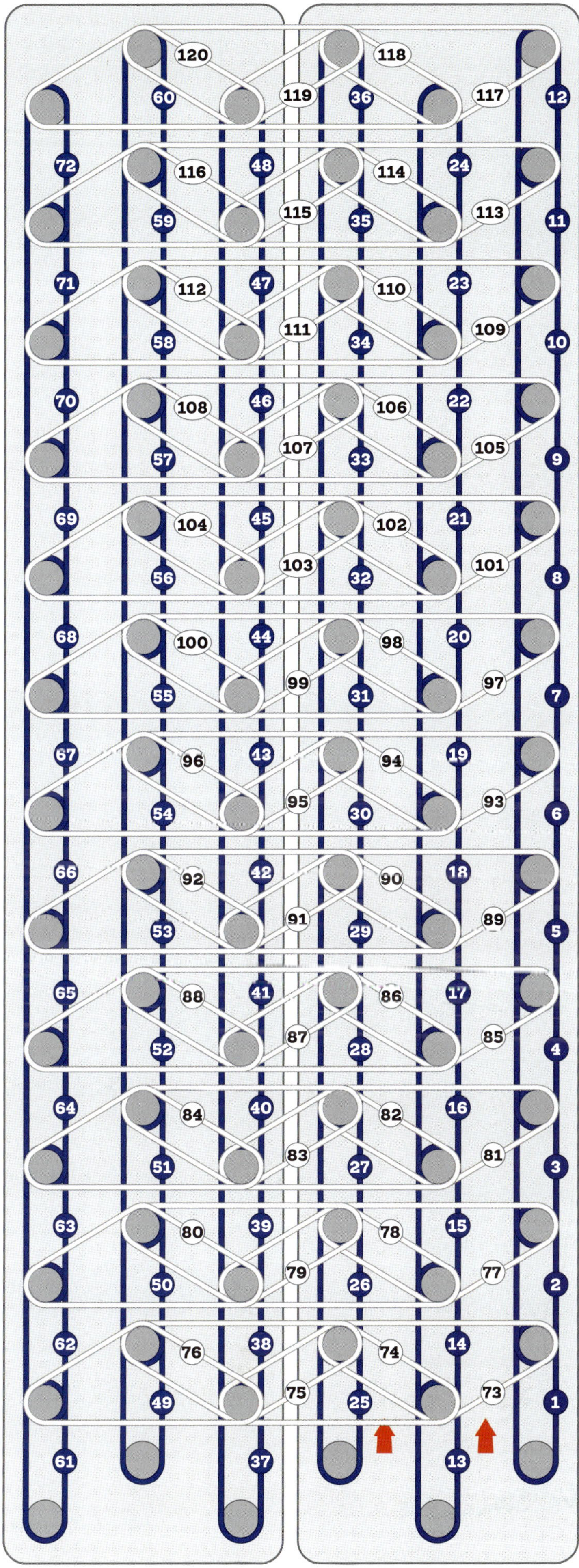

Von dieser Seite beginnen

So spannst du die Gummis

Gib acht, dass die beiden verbundenen Looms genauso aussehen, wie im Diagramm gezeigt. Die Längsreihen müssen versetzt sein. Bespanne zuerst die Längsreihen mit Gummis (Gummis 1 bis 72). Dann spannst du jeweils über drei Stifte nacheinander alle weißen »Basis-Gummis« oder »Verbindungsdreiecke«. Beginne unten rechts. Beim ersten Dreieck zeigt die Spitze nach unten (Gummi 73), beim nächsten zeigt sie nach oben (Gummi 74), dann wieder nach unten (Gummi 75), und das letzte wieder nach oben (Gummi 76). Wie sich die Dreiecke überlappen, siehst du in der Abbildung unten.

Gummis 1 bis 72

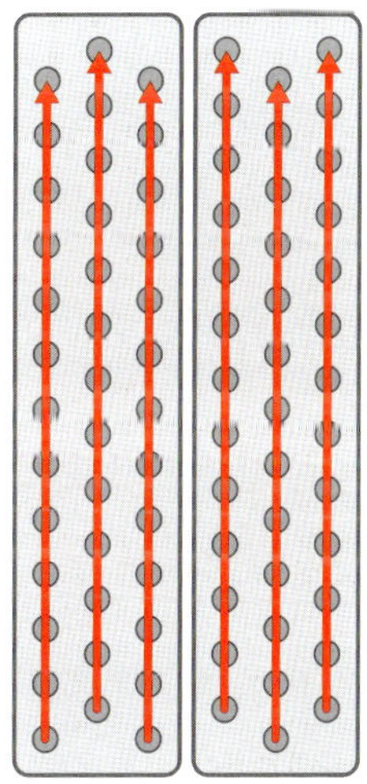

Gummis 73 bis 120
Siehe unten: Überlappende Dreiecke

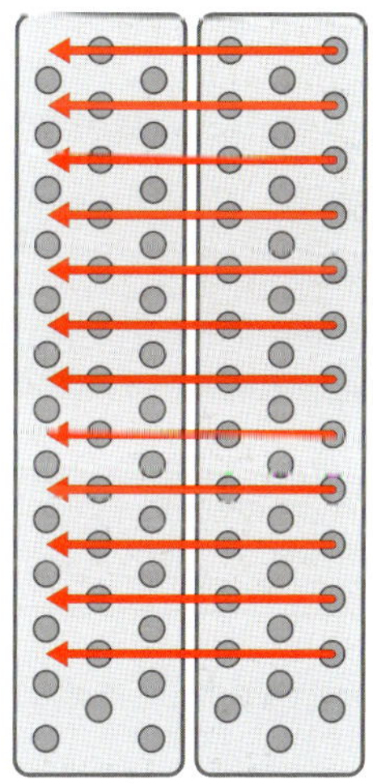

Überlappende Dreiecke

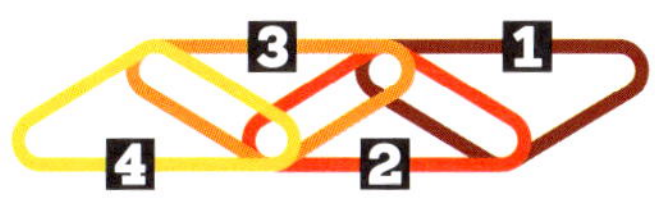

So wird verknüpft

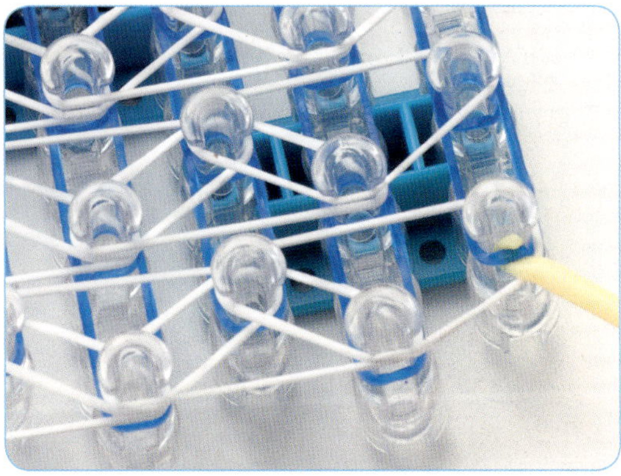

1 Drehe die Looms um, sodass die Pfeile nach unten zeigen. Greife das untere Gummi vom untersten Stift der rechten Reihe. Achte darauf, dass du mit der Häkelnadel in die Rille einstichst (durch das weiße Basis-Gummi hindurch).

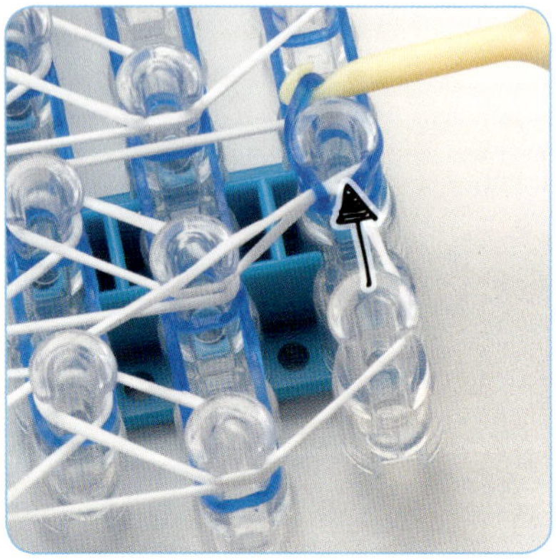

2 Hänge die Schlaufe auf den Stift eins höher.

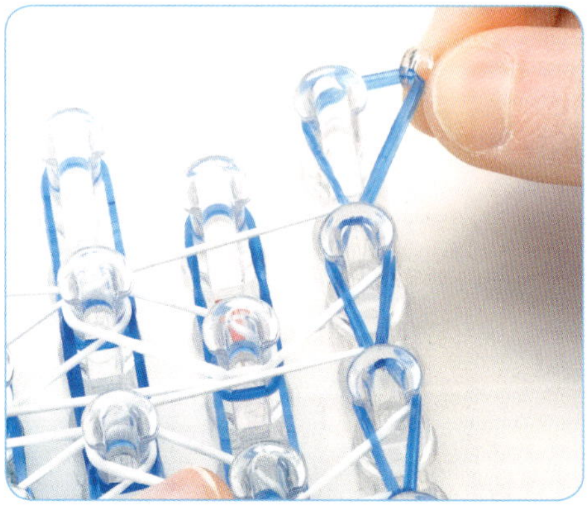

3 Verknüpfe alle Gummis der rechten Reihe genauso. Pass auf, dass du mit der Nadel jeweils in die Rille des Stifts stichst und innerhalb des weißen Basis-Gummis bleibst. Sichere die letzten beiden Schlaufen mit einem Clip.

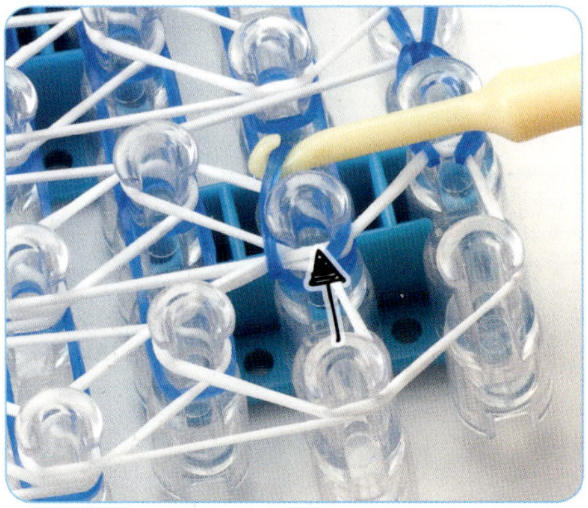

4 Nimm dir jetzt die zweite Reihe von rechts vor. Beginne am untersten Stift. Greife das untere Gummi. Vergiss nicht, mit der Nadel immer in die Rille zu stechen und innerhalb des weißen Basis-Gummis zu bleiben. Hänge das Gummi auf den Stift eins höher.

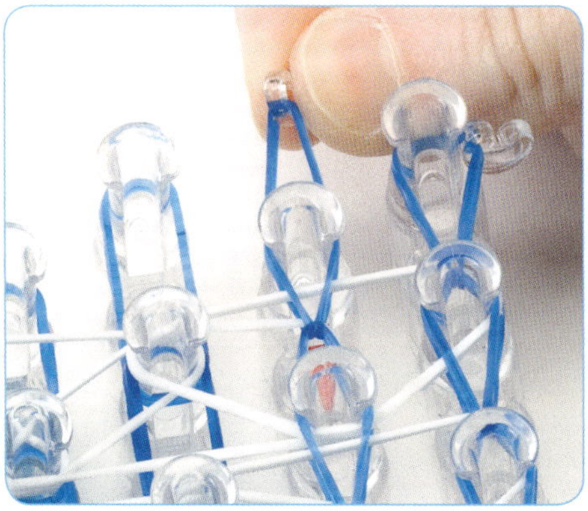

5 Verknüpfe alle Gummis der rechten Reihe in gleicher Weise, dabei immer darauf achten, dass du mit der Nadel in die Rille des Stifts stichst und innerhalb des weißen Basis-Gummis bleibst. Wenn du mit der Reihe fertig bist, sichere die letzten beiden Schlaufen mit einem Clip.

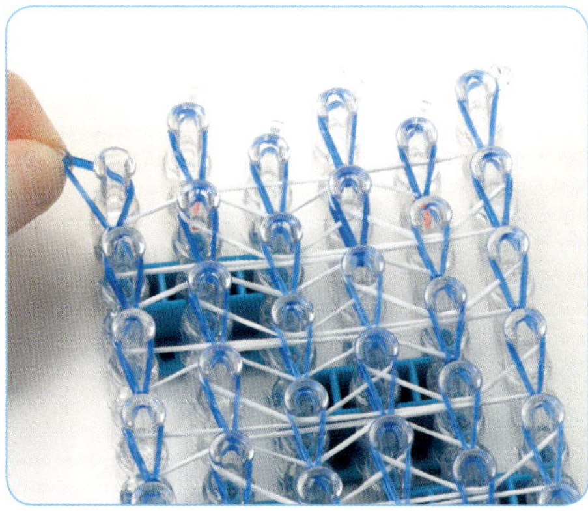

6 Knüpfe die übrigen vier Reihen genauso und sichere die letzten Schlaufen ebenfalls mit einem Clip. Pass auf, dass du die Nadel richtig einstichst.

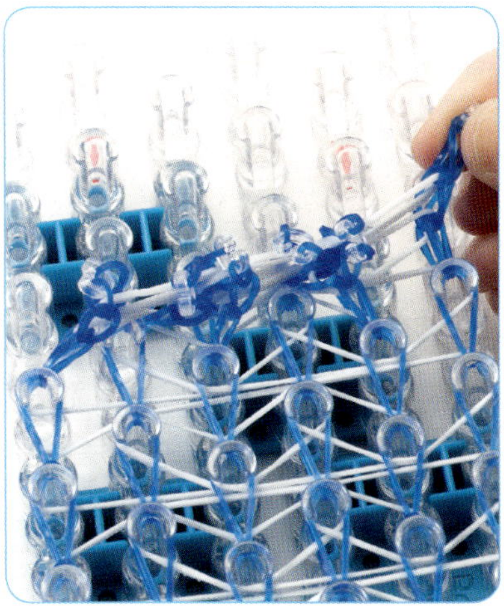

7 Löse das fertige Teil vorsichtig vom Loom. Hebe die Gummis zunächst Stift für Stift ab, bis du es gut fassen kannst. Lege es zur Seite.

8 Fertige jetzt ein zweites gleiches Teil an, wie in Schritt 1 bis 7 erklärt. Lege dann beide Teile längs nebeneinander. Alle Clips weisen nach links. Wenn du Linkshänder bist, tust du dich vielleicht leichter, wenn du das Ganze seitenverkehrt angehst. Dann drehst du links und rechts in der Anleitung einfach um.

9 Fang an der rechten Seite an (das ist die Seite ohne Clips). Nimm, wie auf dem Foto zu sehen, an beiden Teilen jeweils in der äußersten Reihe die zwei oberen blauen Schlaufen auf die Häkelnadel. Es müssen insgesamt vier Schlaufen sein – immer zwei von jedem Teil.

10 Ziehe ein grünes Gummi durch alle vier Schlaufen. Halte dabei das Ende mit den Fingern fest. Nimm es dann auch auf den Haken. Jetzt hängen die beiden geknüpften Teile bereits an einem »Stich« zusammen.

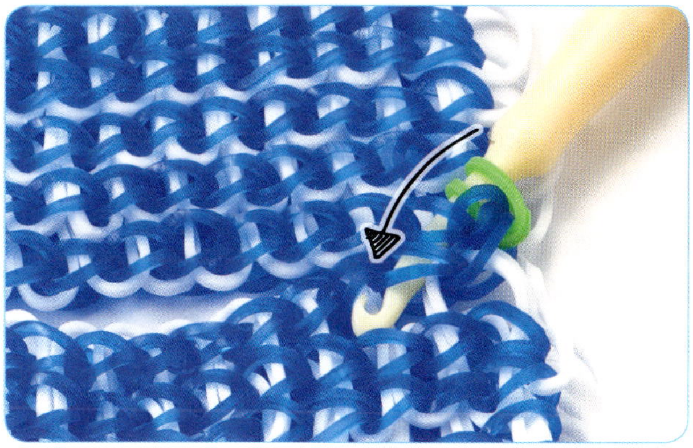

11 Drehe deine Häkelnadel so, dass der Haken nach oben zeigt. Pass auf, dass die Schlaufen nicht herunterrutschen und die beiden geknüpften Teile flach auf dem Tisch liegen, während du mit der Nadel durch die nächsten vier Randschlaufen stichst.

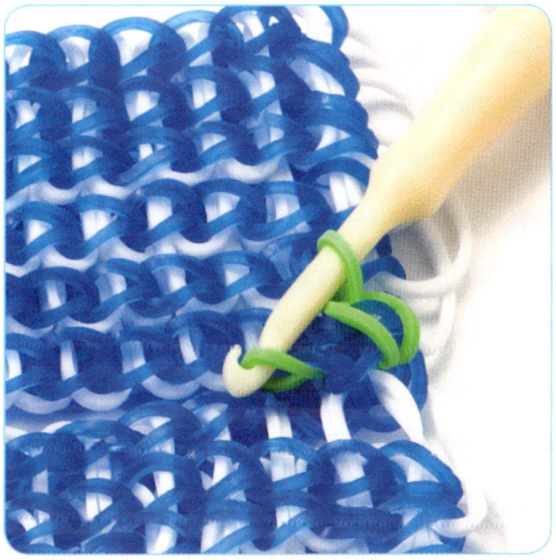

12 Jetzt setzt du den nächsten Stich wie in Schritt 10 beschrieben: Ziehe ein neues grünes Gummi durch alle sechs Schlaufen, die du auf der Nadel hast (je zwei neu hinzugefügte von jedem Rand und die zwei, die schon auf der Nadel waren).

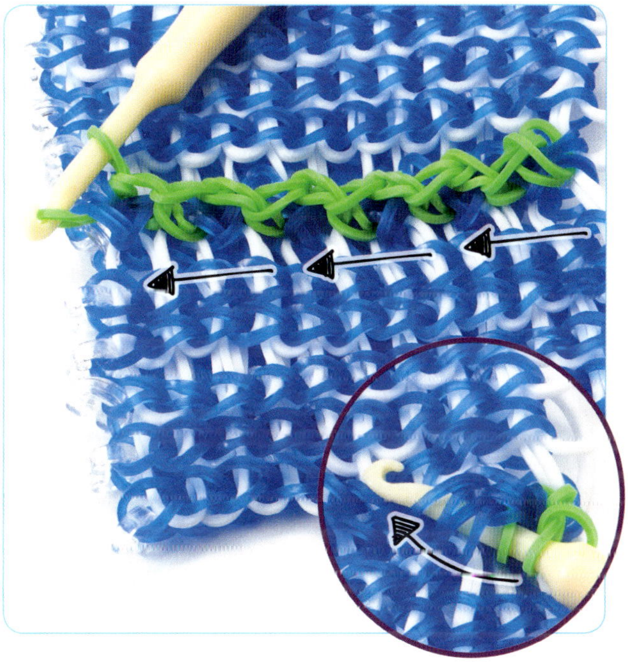

13 Auf diese Weise fährst du nun fort, bis du die Längsseiten beider Teile miteinander verbunden hast. Dabei stichst du die Nadel abwechselnd einmal von der einen, dann von der anderen Richtung her ein: Zeigt der Haken der Nadel nach einem Stich nach unten (wie nach Schritt 12), dann drehst du ihn nach oben und schiebst ihn **aufwärts** durch die nächsten vier Schlaufen (siehe Detailfoto). Zeigt der Haken nach einem Stich nach oben (wie nach Schritt 10), drehst du ihn nach unten und schiebst ihn **abwärts** durch die nächsten vier Schlaufen.

14 Wenn du die Längsseiten beider Teile bis zum Ende verbunden hast, sicherst du die letzten beiden Schlaufen mit einem Clip. Insgesamt musst du 12 Stiche setzen. Dann kannst du die Nadel herausnehmen.

15 Jetzt nimm dir die 12 Doppelschlaufen mit den Clips entlang der linken Seite der beiden Teile vor. An jedem Teil sind es sechs Stück. Die beiden mittleren hast du bereits verbunden.

16 Stich mit der Nadel zuerst durch die Schlaufen des letzten grünen Gummis, das du in Schritt 14 gesetzt hast (mit Clip), und dann durch die beiden ersten Schlaufen des oberen Teils. Pass auf, dass du auch alle vier Schlaufen auf der Nadel hast, denn du willst ja gleich den Clip entfernen.

17 Ziehe ein grünes Gummi durch alle Schlaufen auf der Nadel und nimm das andere Ende ebenfalls auf den Haken.

18 Entferne vorsichtig den Clip aus den beiden blauen Schlaufen, die du gerade mit dem grünen Gummi verbunden hast. Hast du alles richtig gemacht? Löst sich nichts auf? Gut! Am grünen Gummi bleibt der Clip vorerst dran.

19 Häkle nun die anderen fünf Doppelschlaufen des unteren Teils zusammen. Stich mit der Nadel von unten in die Schlaufen ein, wie im Detailfoto gezeigt. Ziehe die grünen Gummis immer durch alle vier Schlaufen, die du auf der Nadel hast. Entferne nach und nach die nicht mehr benötigten Clips. Die letzten beiden Schlaufen sicherst du wieder mit einem Clip, bevor du die Häkelnadel herausziehst.

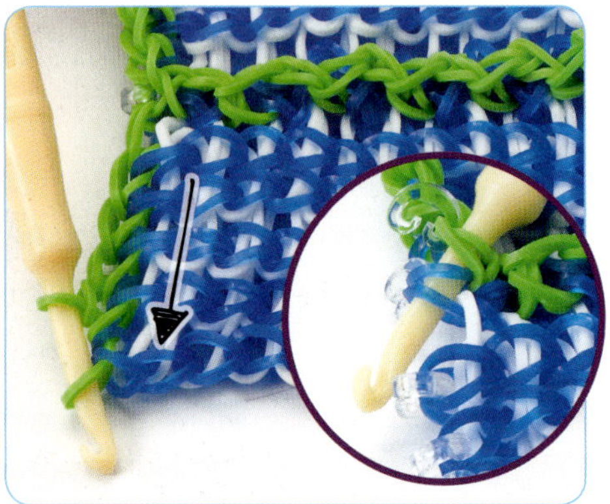

20 Das Gleiche machst du jetzt auf der anderen Seite. Wieder fängst du in der Mitte bei dem grünen Gummi an, das du in Schritt 14 gesetzt und mit Clip gesichert hast. Von da aus arbeitest du nach links weiter. Wenn du am Ende angekommen bist, lasse die Nadel in den letzten beiden Schlaufen stecken.

21 Als Nächstes nimmst du dir die Seiten deiner Smartphone-Hülle vor. Hier wird der Rand nur umhäkelt. Dazu drehst du das Teil um 180 Grad, sodass die Häkelnadel jetzt oben rechts sitzt.

22 Ohne die Schlaufen von der Nadel fallenzulassen (der Haken sollte jetzt nach oben zeigen), drehst du den Haken nach unten und stichst ihn nicht durch die nächsten, sondern **durch die übernächsten beiden Schlaufen** an der Oberseite der Hülle. **Du überspringst also jeweils ein Glied.** Die Smartphone-Hülle liegt dabei flach auf dem Tisch.

23 Ziehe ein grünes Gummi durch alle vier Schlaufen, die du auf der Nadel hast. Wegen des Überspringens der Glieder zieht sich deine Smartphone-Hülle etwas zusammen.

24 Umhäkle den ganzen Rand auf die gleiche Weise und lasse dabei weiterhin jedes zweite Glied aus. Stich mit der Nadel abwechselnd einmal von oben und einmal von unten durch die Schlaufen, wie in Schritt 13 beschrieben. Beim zweiten Stich führst du sie also von unten nach oben durch, wie auf dem Foto zu sehen ist.

25 Für die obere Kante brauchst du sechs Stiche. **Den letzten setzt du direkt neben dem vorletzten**, denn mit dem Auslassen geht es sich wegen der geraden Gliederzahl nicht aus. Die letzte Masche sicherst du mit einem Clip. Dann kannst du die Nadel entfernen.

26 Wiederhole das Ganze (Schritt 22 bis 25) auf der anderen Seite. Beginne unten rechts an den beiden mit Clip gesicherten Schlaufen. Der Haken der Häkelnadel zeigt nach unten. Schiebe sie erst durch die beiden Schlaufen mit dem Clip und dann durch die zwei nächsten Schlaufen, wobei du wieder ein Glied überspringst. **Vergiss nicht, einmal von oben und einmal von unten einzustechen.**

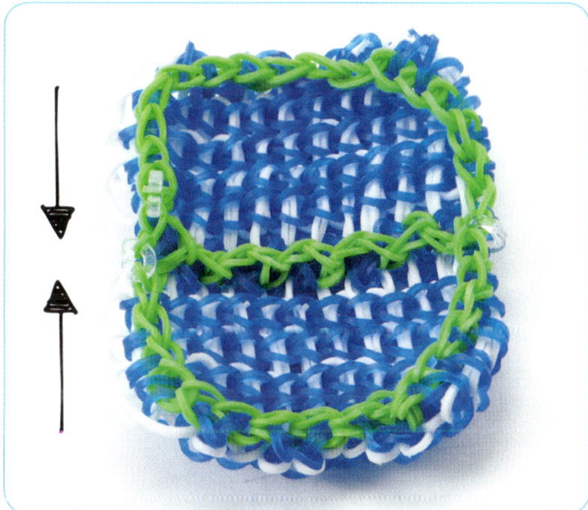

27 Jetzt fehlt nur noch das letzte Stück mit den Clips. Setze auch hier 12 grüne Stiche und führe die Nadel dabei abwechselnd einmal von oben und einmal von unten durch die Schlaufen, wie in den Schritten 16 bis 20 beschrieben. Und pass auf, dass du mit der Nadel immer durch beide Schlaufen der Glieder stichst. Insgesamt sind es 10 Stiche.

28 Gehe nun zu der Stelle mit den beiden letzten Clips. Schiebe die Nadel durch alle **12 Schlaufen**, die von den beiden mit Clips gesicherten Schlaufen gehalten werden.

HINWEIS: Beim fünften Stich führst du die Nadel zunächst durch die allererste Doppelschlaufe, die du in Schritt 10 geknüpft hast, und erst dann durch das Glied in der Mitte. Setze einen Schlussknoten durch alle sechs Schlaufen, die du auf der Nadel hast. Die Hülle wird dadurch insgesamt stabiler.

29 Setze einen Schlussknoten, um alle Schlaufen, die du auf der Nadel hast, zu verbinden und entferne die Clips.

30 Jetzt brauchst du nur noch die am Rand überstehenden acht weißen Basis-Gummis abzuschneiden und noch nicht entfernte Clips herauszunehmen.

31 Nun die Hülle über dein Smartphone ziehen und fertig. Sieht cool aus, oder?

Hippie-Haarband

Knüpfe mit doppelten Rubberbands eine Basic-Kette aus 75 Gliedern. Fädle zwei Kunstblumen auf. Dann ergänze oder entferne so viele Glieder, bis dir das Haarband genau um den Kopf passt. Durch die beiden Enden ziehst du ein weiteres doppeltes Gummi (siehe Detailfoto) und sicherst die letzten beiden Schlaufen mit einem Clip.

152 rosa Gummis, 1 Clip, 2 Kunststoffblumen mit verdeckter Befestigungsschlaufe

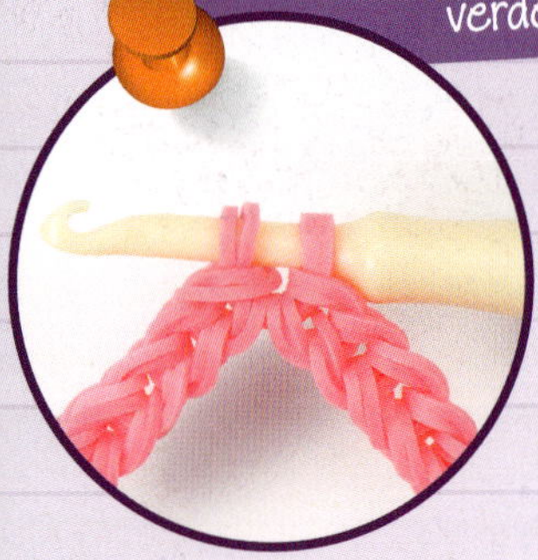

Taschen-Schlaufe

Knüpfe mit doppelten Rubberbands eine Basic-Kette aus 40 Gliedern. Ergänze oder entferne Glieder, bis sie dir bequem ums Handgelenk passt. Nimm, wie auf dem Detailfoto oben links (Hippie-Haarband) gezeigt, die Doppelschlaufen der beiden Enden auf die Nadel, aber so, **dass der Metallring deines Täschchens (bzw. die Öse des Reißverschluss-Schiebers) zwischen den beiden liegt**. Ziehe ein Abschlussgummi durch die beiden Doppelschlaufen und ziehe es zum Schlussknoten zusammen.

82 schwarze Gummis, 1 schwarzes Abschlussgummi, 1 Clip, 1 Täschchen mit Metallring oder Reißverschluss-Schieber mit Öse

Fake-Bleistift

Beginne mit einem schwarzen Gummiring, den du viermal um die Häkelnadel wickelst (siehe Detailfoto oben). Knüpfe daran mit dreifach gelegten Gummis in der angegebenen Farbfolge die weiteren Glieder: 2 x beige, 20 x orange, 1 x grau und 1 x rosa (= Abschlussgummi). Zieh den Schlussknoten sehr fest, damit er sich nicht löst!

1 schwarzes Gummi, 6 beige Gummis, 60 orangene Gummis, 3 graue Gummis, 3 rosa Gummis, 1 rosa Abschlussgummi

Leuchtschwert

Für dieses Projekt brauchst du Gummis in Neon-Farben. Wickle ein grünes viermal um die Häkelnadel (siehe Detailfoto oben beim Fake-Bleistift). Knüpfe daran mit dreifach gelegten Gummis in der angegebenen Farbfolge die weiteren Glieder: 12 x grün, 3 x schwarz, 1 x silber, 1 x schwarz (= Abschlussgummi). Zieh den Schlussknoten sehr fest, damit er sich nicht löst. Wickele zum Schluss das rote Gummi um das Heft des Leuchtschwerts.

37 neon-grüne Gummis, 12 schwarze Gummis, 3 silberfarbene Gummis, 1 neon-rotes Gummi, 1 schwarzes Abschlussgummi

Kabelhülle

Für diese coole Kabelhülle knüpfst du zunächst zwei Basic-Ketten mit je 60 Rubberbands. Fädele erst den einen Ohrstöpsel durch alle Glieder der einen Kette und ziehe das Kabel bis zur Verzweigung durch. Den zweiten Ohrstöpsel fädelst du auf die gleiche Weise durch die zweite Kette und ziehst das Kabel durch. Dann ziehst du mit der Häkelnadel an der Verzweigung ein Rubberband durch die letzten Gummis an den beiden Kettenenden (durch alle vier Schlaufen!) und knüpfst daran eine weitere Kette aus etwa 200 Gummis, fädelst von oben beginnend den Stecker durch und ziehst das Kabel ein.

Basic-Kette in XXL

Knüpfe eine Basic-Kette aus mindestens 300 bis 1000 Rubberbands – so lang, wie du magst. Verbinde die Enden mit einem Clip und lege sie dir mehrmals um den Hals. Das sieht sehr stylisch aus!

Perlenvorhang

Noch größer kann ein Projekt aus Rubberbands kaum sein! Knüpfe mit der Häkelnadel ca. 25 Basic-Ketten aus je 300 Gummis. (Das sind insgesamt 7500 Gummis!) Wenn du sie alle fertig hast, ziehst du sie an einem Ende auf eine dünne Vorhangstange auf und hängst sie dir in den Türrahmen. Da kommt sofort Ferienstimmung auf!

Leuchtarmband

Knüpfe mit der Häkelnadel eine Basic-Kette aus 100 Rubberbands und fädle dann ein Leuchtarmband durch die einzelnen Glieder. Wenn es zu leuchten aufhört, ist das nicht schlimm: Zieh es einfach heraus und fädle ein neues ein.